U0586887

成都市科技项目(2015-RK00-00006-ZF)资助
西南民族大学中央高校专项资金项目 (2017SZYQN23)资助

# 环境审计

## 深化甘孜州生态文明建设中的

## 运行机制及治理效率研究

谢赞春／著

HUANJING SHENJI

SHENHUA GANZIZHOU SHENGTAI WENMING JIANSHE ZHONG DE

YUNXING JIZHI JI ZHILI XIAOLÜ YANJIU

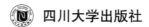

四川大学出版社

责任编辑:李金兰
责任校对:曹贝贝
封面设计:墨创文化
责任印制:王　炜

**图书在版编目(CIP)数据**

环境审计深化甘孜州生态文明建设中的运行机制及治
理效率研究 / 谢赞春著. —成都：四川大学出版社，
2017.8
ISBN 978-7-5690-1076-3

Ⅰ.①环… Ⅱ.①谢… Ⅲ.①环境管理-审计-研究-
甘孜 Ⅳ.①F239.6

中国版本图书馆 CIP 数据核字（2017）第 207580 号

| | | |
|---|---|---|
| 书　名 | 环境审计深化甘孜州生态文明建设中的运行机制及治理效率研究 | |

| | |
|---|---|
| 著　者 | 谢赞春 |
| 出　版 | 四川大学出版社 |
| 地　址 | 成都市一环路南一段24号 (610065) |
| 发　行 | 四川大学出版社 |
| 书　号 | ISBN 978-7-5690-1076-3 |
| 印　刷 | 四川盛图彩色印刷有限公司 |
| 成品尺寸 | 148 mm×210 mm |
| 印　张 | 5.875 |
| 字　数 | 157 千字 |
| 版　次 | 2017 年 12 月第 1 版 |
| 印　次 | 2018 年 8 月第 2 次印刷 |
| 定　价 | 26.00 元 |

◆ 读者邮购本书,请与本社发行科联系。
　电话:(028)85408408/(028)85401670/
　(028)85408023　邮政编码:610065
◆ 本社图书如有印装质量问题,请
　寄回出版社调换。
◆ 网址:http://www.scupress.net

# 前　言

随着生产、生活环境的日益恶化，极端性气候变化、淡水和海洋被污染、森林覆盖率减少、沙漠化、酸雨、雾霾等问题层出不穷。环境问题开始成为我国国家治理领域的热点，环境的保护和改善越来越被各级政府所重视。国家治理的目标之一是保护生态环境、建设社会主义生态文明，作为政府组成部门的国家审计部门，具有与生俱来的独立监管和实施评价的职能，同时兼备权威性和强制性，因此应该能在政府保护和管理生态环境中发挥积极作用，从而成为推进生态文明建设的重要手段之一。

众所周知，甘孜州的自然风光秀美，但生态环境极为脆弱，如何在脆弱而有限的自然环境中生存并发展，是藏区自古以来一直面临的重大问题。在全球进入生态文明建设的时代，未来甘孜州的发展不能再走以破坏环境、掠夺资源为代价的工业化老路，而应在充分考虑其生态环境承载能力的基础上，以生态建设、环境保护、民生改善作为甘孜州发展的首要任务。这个任务简而言之，就是"用人、管权、理财"，人用好了，权管住了，财理好了，生态建设、环境保护、民生改善就能实现良性循环。环境审计正是一直围绕"用人、管权、理财"履行职责、发挥作用的，这种作用是不可替代、不可或缺的。开拓性的工作迫切需要理论的创新和指导。甘孜州环境审计理论研究滞后于环境审计实践的发展，因此，对甘孜州环境审计进行综合性的研究是迫在眉睫的研究任务。

　　本项目的研究对象是甘孜州，研究环境审计作用下的生态文明建设发展过程及机理，通过田野研究、问卷调研和社会统计数据的分析，在深入分析甘孜州样本区环境审计作用与生态文明建设的契合度的基础上，研究和探讨环境审计推进甘孜州生态文明建设的作用路径，为政策制定提供理论和数据支持。

　　研究报告的第一部分，介绍研究背景和意义；解释生态、生态文明、生态文明建设、环境审计、政府环境审计的基本概念，阐述生态文明建设与政府环境审计之间的关系；对国内外学者关于环境审计的研究成果进行总结和归纳；提出研究思路和方法，以及研究的创新之处。第二部分是回顾我国环境审计的发展历程、现状和取得的成效，根据生态文明建设对政府环境审计提出的新的具体要求，思考完善我国政府环境审计的方式方法。第三部分重点分析了甘孜州生态文明建设存在的问题，以及出现这些问题的原因。第四部分、第五部分、第六部分分别结合第二、三、四部分的内容，在生态文明建设的视角下从加强政府环境审计制度建设、拓展政府环境审计内容和方式、提升政府环境审计能力、强化环境审计结果执行等方面提出优化我国政府环境审计的对策，期望能解决问题、改变现状，促进政府环境审计的进一步完善和持续发展。

# 目　录

# 第1章 绪 论

## 1.1 研究背景及意义

"Ecology defines the rise and fall of human civilization"[①]
（生态兴则文明兴，生态衰则文明衰），据实验数据表明，许多自
然力引发的自然灾害事件（如旱灾、风灾、地震、水灾，以及一
些先天性地方病等），都与生产生活的方式方法有着直接或者间
接的关系。人与环境的和谐局面已被打破，显然我们已经很难将
自然灾害引发的环境问题和人类生产生活所引发的环境问题分
开了。

20世纪，环境审计产生于美国、加拿大等西方国家企业的
内部审计，而初期的政府环境审计也主要在西方国家中发展开
来。我国政府的审计机关从20世纪90年代开始对环境审计进行
研究探索，经历了二十多年的实践和发展，如今的政府环境审计
是否改善了环境管理，它的效果怎么样，本书试图基于环境审计
作用于甘孜州生态文明建设的相关数据，对我国政府环境审计对
环境绩效改善的影响做一系列的实证研究来回答这个问题。

自工业革命以来，科学技术的进步极大地推动了人类经济社
会的高速发展，但是伴随着人类对自然资源的过度开发和对生态

---

① http://www.environmental-auditing.org.cn/

环境的严重破坏，当今全球化和区域化的环境污染和生态破坏，已成为制约人类生存和社会发展的重大问题。20世纪以来，世界范围内相继发生了包括轰动全球的八大公害事件在内的严重环境污染事件，对地球的生态环境造成了极大的破坏，人类也开始反思自己的行为并意识到环境保护的重要性。1972年，世界各国政府代表团及政府首脑、联合国机构和国际组织代表在第一次联合国人类环境会议中，首次把环境问题作为全球性探讨的议题；在1992年的联合国环境与发展会议上签署了包含可持续发展新战略和新观念的《21世纪议程》等文件，标志着人类在不断提高环境保护的意识，并深化了对环境与发展的认识，将"人与自然和谐统一"视作人类应当追求的经济社会发展模式。

甘孜州的自然风光秀美，但生态环境极为脆弱，如何在脆弱而有限的自然环境中生存并发展，是藏区自古以来一直面临的重大问题。在全球进入生态文明建设的时代，未来甘孜州的发展，不能再走以破坏环境、掠夺资源为代价的工业化老路，而应在充分考虑其生态环境承载能力的基础上，以生态建设、环境保护、民生改善作为甘孜州发展的首要任务。这个任务简而言之，就是"用人、管权、理财"，人用好了，权管住了，财理好了，生态建设、环境保护、民生改善就能实现良性循环。环境审计正是一直围绕"用人、管权、理财"履行职责、发挥作用的，这种作用是不可替代、不可或缺的。开拓性的工作，迫切需要理论的创新和指导，甘孜州环境审计理论研究滞后于环境审计实践的发展，因此，对甘孜州环境审计进行综合性的研究是迫在眉睫的研究任务。

随着经济社会的高速发展和人口数量的增加，我国的环境问题日益突显。人们不惜以牺牲环境和资源为代价来换取经济的片面增长，导致生产、生活环境日益恶化，出现极端性气候，淡水和海洋被污染、森林覆盖面减少、沙漠化、酸雨等环境问题层出不穷。尤其是 2013 年以来，我国遭遇了严重的雾霾天气，雾霾发生频率之高、波及面之广、污染程度之严重是前所未有的。各种环境问题威胁着人们的身心健康，对经济社会的可持续发展造成了巨大阻力。环境问题成为我国国家治理领域的热点问题，环境的保护和改善逐渐被各级政府所重视。新一届政府提出的国家治理的目标之一是保护生态环境、建设社会主义生态文明。作为政府组成部门的国家审计部门，在国家治理中发挥着重要的作用，需要不断地推动和完善国家治理的方式方法的创新，促进各种建设目标的实现。作为政府审计类型之一的政府环境审计，具有独立的监督和评价职能，具备权威性和强制性，在政府保护和管理生态环境、推进生态文明建设过程中发挥着积极的作用。

除了各项环保举措之外，环境审计是一项在环境管理系统中发挥监督与评价作用的重要管理工具，能更好地应对和解决经济社会发展与生态环境之间存在的矛盾。我国审计署自 1983 年成立以来，就开始对环境审计工作进行探索，并于 1998 年成立了农业与资源环保审计司，并针对环境污染治理和生态环境保护开展了多项环境审计项目，此后在《"十一五"审计工作发展规划》中明确地将资源环境审计列为政府审计的六大类型之一。2008 年发布的《关于加强资源环境审计工作的意见》指导了全国各级审计机关积极开展资源环境审计实践和理论研究，而在《"十二五"审计工作发展规划》中，又进一步提出了要发挥审计在资源管理与环境保护中的积极作用。我国政府环境审计经过了三十多年的积极探索，正逐步呈现出多元化的发展态势。

目前随着我国政府环境审计工作的不断开展和推进，我国政府环境审计是否有效地改善了环境管理的绩效？我国的环境审计工作尚未全面铺开，人们对环境审计的认识度和关注度不够，政府环境审计较多停留在对环保资金使用审计的层面上，审计的原则和标准不够统一，有关环境审计的理论研究也不够系统。2012

年 11 月, 党的十八大报告明确指出, 要大力推进生态文明建设, 这为未来一个时期的政府环境审计指明了方向。如何充分发挥政府环境审计的作用, 推动我国生态文明建设, 值得我们探讨和研究。

## 1.2 基本概念

### 1.2.1 生态文明建设

最早提出"生态"一词的是古希腊, 字面意思是家或者周围的环境。现在的"生态"一词指的是生物的生存状态、生存环境, 以及生物之间、生物与环境之间的相互依存关系。

生态文明是继工业文明之后提出的文明形态。工业文明创造了物质财富, 也破坏了原有的、和谐的生态环境。生态文明是以实现人、自然、社会和谐共生、良性循环、全面发展的一种社会形态, 是在发展工业文明的基础上, 坚持环境友好、资源节约、经济社会可持续发展而创造的财富总和。党的十八大报告对生态文明的定义是: 生态文明是人类在利用自然界的同时, 主动保护自然界、积极改善和优化人与自然关系, 而取得的物质成果、精神成果和制度成果的总和[①]。

生态文明建设是发展生态文明的一种社会实践活动, 是人们在充分认识和尊重自然的基础上, 转变生产、生活、消费方式, 保护和改善自然, 合理利用自然, 修复和建设有序的生态系统的一系列实践活动。生态文明建设贯穿于经济建设、政治建设、文化建设、社会建设的各方面和全过程, 是关乎国家和民族发展的

---

① 胡锦涛. 坚定不移沿着中国特色社会主义道路前进为全面建成小康社会而奋斗 [R]. 北京: 中国共产党全国代表大会, 2012.

长远之计。

## 1.2.2  环境审计

有关于环境审计的定义众说纷纭，目前尚未有统一的、准确的环境审计的定义。在借鉴国内外环境审计理论研究成果的基础上，本文认为，环境审计是一种审计类型，与财政、金融、经济责任等审计类型一样，是由审计人员收集证据、分析资料，以监督、鉴证和评价被审计单位与环境相关的经济活动，并就相关认定与既定标准之间的一致程度做出结论和报告的一种独立的监督行为。

政府环境审计即国家审计机关依法审查被审计单位与环境有关的经济活动的真实性、合法性、有效性，评价被审计单位的环境管理系统及经济活动对环境的影响，界定被审计单位生产、生活过程中产生环境问题的责任的一种独立监督行为。

## 1.2.3  生态文明建设与环境审计的关系

1. 政府环境审计推动生态文明建设

政府审计是国家治理和建设的重要工具，政府环境审计是国家推动生态文明建设的重要手段。在生态文明建设这个系统工程中，政府环境审计通过审计的监督、鉴证、评价职能，发挥其揭示环境问题、评价环境管理效果、监督环保资金使用和环保政策执行的作用，以促进国家环境保护政策的落实和可持续发展战略目标的实现，保障国家环境安全，推动生态文明建设。

2. 政府环境审计的目标是实现生态文明

环境审计要以实现生态文明为审计目标，通过审计监督达到遏制污染环境、浪费资源等危害环境的行为，促进推行科学、有效的环境保护政策和污染治理措施，保障环境保护建设项目的经济性、效率性和效果性。

环境问题已成为制约我国经济社会发展的重大问题之一。遏制环境污染和资源浪费，推进生态文明建设，是我国当前发展的重要任务。在生态文明建设的视角下研究政府环境审计，用生态文明建设的理念构建新的环境审计模式，有助于解决我国政府环境审计目前存在的问题，更有效地实施政府环境审计，发挥政府环境审计在我国国家治理和生态文明建设中的作用，促进经济社会可持续发展，实现"美丽中国"的目标。

## 1.3 国内外研究综述

学者们对环境审计的作用路径与运行机制进行了文献综述。Perry（1985）阐述了如何运用环境审计对爱达荷州的水质量管理计划进行全面跟踪[1]；Boivin（1991）则对公司环境审计计划的制订、审计报告的撰写进行了具体研究[2]；Vinten（1993）[3]、Natu（1999）[4] 关注于研究环境审计的步骤；Diamantis（1999）[5] 着重分析在实施环境审计时如何选择适当的环境指标的程序问题；Moor（2005）对传统财务报表审计与环境审计的步骤进行了比较研究[6]。我国学者韩竞一等（2005）、李雪等（2002、2005）、蔡春（2012）、耿建新（2004）、阳秋林等

---

[1] Perry J A，Schaeffer D J，Kerster H W，et al. The environmental audit application to stream network design [J]. Environmental Management，1985

[2] Boivin B，Gosselin L. Going for a green audit [J]. CA Magazine，1991.

[3] Vinten G. Green audit：the path to global survival [J]. Executive Development，1993.

[4] Natu A V. Environmental audit：a tool for waste minimization for small and medium scale dyestuff industrie [J]. ChemicalBusiness，1999.

[5] Diamantis D. The importance of environmental auditing and environmental indicators in Islands [J]. Eco-Managementand Auditing，1999.

[6] Moor P D，Beelde I D. Environmental auditing and the role of the accountancy profession：a literature review [J]. Environmental Management，2005.

(2004)、肖文八（2002）、张长江等（2012）、李明辉（2011）、刘达朱等（2002）先后着重对环境审计综论、概念、意义、现状和对策等做了深入的研究。但这些研究只是单纯地将环境审计作为整体研究对象，针对环境审计作用路径进行分析的文献较少。

此外，笔者未搜集到政府环境审计对环境绩效改善影响研究的相关文献，因此对与政府环境审计的相关研究现状进行了归纳和分析，故本节主要对政府环境审计相关研究综述和对政府环境审计现有研究成果进行评述。政府环境审计研究综述包括了环境审计的研究综述、政府环境审计的研究综述和政府环境绩效审计的研究综述；对现有研究成果的评述是在对政府环境审计相关研究综述的基础之上，评价了政府环境审计现有研究成果的贡献与不足。

## 1.3.1 环境审计

环境审计最初产生于 20 世纪 70 年代的西方企业内部审计，而在同一个时期，为了帮助企业节约资源消耗和加强环境管理，美国和加拿大政府进行了最早的政府环境审计实践。笔者通过对国内外现有关于政府环境审计的文献资料进行了整理和分析，将主要的研究成果归纳如下：

1. 环境审计的定义

关于环境审计的定义，国内外学者没有形成统一的意见。所下的定义包含的要素组合不同，且措辞不一。有的学者倾向于将环境审计看成一种环境管理的工具：Thomson（1993）认为，环境审计是环境管理系统整体的一个组成部分，通过环境审计管理层可以确定组织的环境控制系统是否能够对遵循监管要求和内部政策提供充分保证①；Hillary（1998）认为，环境审计广泛地被视为企业使用的环境管理工具，以更好地促进环境业绩管理②。有的学者从环境审计的职能方面定义环境审计：Lightbody（2000）认为，环境审计包括广泛意义上的环境评价与复核③；Todea（2011）等认为，环境审计是对企业环境影响的系统分析④；高方露和吴俊峰（2000）依据审计本质的控制论观点，提出环境审计是对企业受托环境责任履行过程的一种控制活动⑤。上海审计学会课题组（2001）总结出对环境审计认识的主要三种观点，即"环境管理责任论""管理工具论"和"监督鉴证评价论"⑥。

2. 环境审计的目标

国内外学者和机构对于环境审计目标的认识存在较大的差别。国外学者 Biovin 和 Gosselin（1991）等提出，公司进行环境审计的主要目标是评价组织对有关法律法规的遵行情况，并确定公司经营方面的环境风险情况。他们认为，环境审计还有助于公司制定能够降低环境风险相关的补救性计划。Welford（1999）认为，环境审计的目的在于对公司和政府等组织的管理系统、业

---

① Thomson R P，Simpson T E，Grand C H. Environmental auditing［J］. The Internal Auditor，1993，50（2）：18—22.

② Ruth Hillary. Environmental Auditing：concepts，methods and developments［J］. International Journal of Auditing，1998（1）：71—85.

③ Lightbody M. Environmental auditing：the audit theory gap［J］. Accounting Forum，2000，24（2）：151—169.

④ Nicolae Todea，Ionela Cornelia Stanciu，Ana Maria Joldos. Environmental Audit，A Possible Source of Information for Financial Auditors［J］. Annales Universitatis Apulensis Series Oeconomica，2011（1）：66—74.

⑤ 高方露，吴俊峰. 关于环境审计本质内容的研究［J］. 贵州财经学院学报，2000（2）：53—56.

⑥ 上海市审计学会课题组. 环境审计研究（上）［J］. 上海审计，2001（6）：20—24.

务活动等进行定期和系统的评估，从而明确组织影响环境以及消耗资源的方式，并进一步实施调整或纠正程序。有一些国外学者则发现，具有不同专业背景的环境审计从业人员在进行环境审计工作时会对环境审计的目标有不同的认识。

3. 环境审计的对象

对于环境审计的对象和内容，不同的学者和机构也持有不同的观点，并没有形成较为统一的结论。Tomlison 和 Ankinson（1987）认为，环境审计的实践当中，预测审计技术可以运用于评估环境的影响情况。Stanwork（2001）、Brooks（2004）等认为，环境管理系统、对法规遵行情况、交易处理情况、设备保管情况、财产转让情况、环境污染防范、环境负债情况等内容是环境审计的重要对象和范围。Thompson（1993）、Wilson（1994）和 Mooc（2005）等则提出环境审计需要评价企业对环境监管要求的遵循情况、评价企业环境政策与行业标准的一致性等四个基本对象。而我国学者和机构对于环境审计对象的研究大致可以分为以下几类：

（1）环境责任论。

环境责任论认为，被审单位的环境管理责任或环境经济责任是环境审计的对象（陈汉文等，陈淑芳等）。

（2）经济活动论。

黄友仁等（1997）指出，政府的环境保护管理政策、环境保护投资项目和环境政策执行活动等经济活动，是环境审计进行评价和审查的对象；而天津市审计学会等（2000）认为，单位的财政财务收支及其经济活动事项，一般来说都是环境审计的审计对象。

（3）被审计单位论。

王炜（2000）等按被审计单位的性质，将环境审计的对象划分为国家政府机关、环境保护机构和组织、企事业单位三大类型。

（4）其他。

庄表峰等（1997）的观点则是前述三种类型的综合表述，指出政府部门机构、企事业单位的环境保护管理责任和环境保护政策等是环境审计的对象。陈正兴（2001）则从审计的主体出发，分别分析了政府审计、内部审计和第三方独立审计这三个方面环境审计的对象。

福建审计学会课题组（1997）等机构和王学龙（1997）等学者指出，环境审计对象的具体化就是环境审计的内容，环境审计的具体内容主要包括了环境政策和环保资金，即环境政策制定的科学性和执行的可行性、环保资金收支的合法性和使用的效益性（该类观点提出的环境审计内容已经包括了环境管理的所有方面）。与此不同的是，浙江省审计学会课题组（1997）则强调了审计作为一种经济活动的性质，认为审计的职责在于对经济活动进行监督和鉴定，因此环境审计的内容和范围也应当只包括存在环境问题或环境治理过程中的相关经济活动。魏顺泽（2000）则认同环境政策并非经济活动的观点，其指出环境审计的内容不应当包括环境政策，并在此基础上以环境审计的主体，分别界定了国家政府环境审计、企业内部环境审计和社会独立环境审计的对象和具体内容。

4. 环境审计的内容

国外学者一般是逐个罗列环境审计的内容，内容有重复但不完全一致。Brooks（2004）等认为，环境审计可分为遵循审计，环境管理系统审计，交易审计，处理、储存和处置设备审计，污染防范审计，环境负债审计，以及产品审计等[①]。Moor（2005）

---

① Brooks K. Reaping the benefits of environmental auditing ［J］. Internal Auditing，2004，19（6）：26—36.

等指出，所有的环境审计应包括四个基本部分：核实对监管需求的遵循性、证实与企业和行业标准的一致性、评价常规环境事项管理、编制行动计划并纠正已识别的缺陷①。我国学者对环境审计内容的认定比较统一，认为环境审计的内容主要包括：环境政策法规执行审计、环境管理体系审计、环境保护资金审计、环境绩效审计、环保项目审计等②。

5. 环境审计的程序和方法

对于环境审计的程序，Hillary（1995）较为系统地介绍了当时欧洲共同体的生态环境管理情况和审计计划的过程、程序和内容。福建审计学会课题组（1997）提出，环境审计的程序与一般审计的程序并无太大差别：首先需要收集环境审计的相关资料和证据，其次对审计证据进行整理和评价，进而得出审计结论，最后出具环境审计的报告。Stanwick（2001）则一一罗列了成功执行环境审计所需要的具体步骤。杨树滋和王德升认为，环境审计的程序是审计过程的阶段与步骤，也是审计活动必须具有的手续和要点，具体包括准备、实施、报告三个阶段。

与程序相类似的，大多数的机构和学者也认为传统的审计方法可以合理地运用于环境审计领域，但同时也指出，由于环境审计涉及众多学科（如环境经济、环境管理、社会学、生态学等）的相关知识，因此环境审计也有其独特的审计方法。例如，Perry（1985）阐述了运用全面评估的方法，对水环境质量进行了审计；浙江省审计学会课题组（1997）、辛金国和杜巨铃（2000）等，提出将环境因素与成本效益或费用效益相结合的分

---

① Moor P D, Beelde I D. Environmental auditing and the role of the accountancy profession: a literature review [J]. Environmental Management，2005，36（2）：205—219.

② 马雪. 我国环境审计若干问题研究 [D]. 沈阳：沈阳工业大学，2003（2）：32—34.

析和评价方法；杨树滋等（2002）则指出，审计方式除直接、单独实施的审计活动之外，还可以采用联合审计或协作审计等方式；贺桂珍等（2007）为了评价环境项目的成本、进度及绩效，在环境审计中引进了增值管理的理念和方法，并结合了实际案例进行分析。在政府环境审计的技术方法研究方面，刘达朱等（2002）在环境审计中，运用经济评价理论，对环境项目、环境政策的应用进行了量化的分析和研究。此外，我国对于环境审计方法的研究还有环境决策分析法和风险分析法（魏顺泽，2001）、对比分析法和成本效益分析法（吴俊峰，2000）、能质流分析方法（李兆东等，2010）等。

6. 环境审计的主体

环境审计有政府审计机关、内部审计机构和社会审计组织三大主体。国外学者对环境审计主体的研究主要集中于社会审计组织和内部审计机构，我国学者更多的研究以政府审计机关作为环境审计主体。国外学者普遍认为注册会计师和内部审计师参与环境审计是因为环境问题会给企业带来环境风险，影响企业的财务状况。例如，Ozbirecikli（2007）认为，环境问题将会对企业的财务状况和长期财务安全产生显著影响，这促使会计和审计职业越来越关注环境问题[1]；Tucker & Kasper（1998）指出，随着企业越来越关注环境管理系统，评价环境风险和计量环境负债，给具有会计教育背景的环境审计师提供了机会。应增强对内部审计师的培训，使其在环境审计中发挥更大的作用[2]。国内学者认

---

[1] Ozbirecikli M. A review on how CPAs should be involved in environmental auditing and reporting for the coreaim of it [J]. Problems and Perspectives in Management，2007，5（2）：113—126.

[2] Robert R Tucker，Janet Kasper. Pressures for Change in Environmental Auditing and in the Role of the Internal Auditor [J]. Journal of Managerial Issues，1998（3）：340—354.

为，目前我国的环境审计仍然以政府审计为主导，因为政府审计具有权威性和强制性，是环境管理的重要机关。例如，谭映（2012）指出，应坚持政府环境审计的主导地位，发挥其权威性优势，同时推动内部环境审计和民间环境审计的发展①。

### 7. 环境审计准则

国内外大多数学者都认为应该制定环境审计准则或指南，指导环境审计工作。Collison（1996）对英国财务审计师进行访谈后发现，多数被调查者认为，审计师是否关注环境问题十分重要，相关部门应当制定环境审计指南②。陈正兴（2001）认为，环境审计的内容涵盖范围广、使用对象多，应该有自己的准则③。关于制定环境审计准则的原则、内容、体系的构建未达成一致意见。Hepler（2003）对美国国防部的"环境评价与管理"指引、美国环境保护署的"联邦设施环境审计草案"，以及ISO14001"环境管理系统审计"这三个环境审计工具进行了比较④。Cahill（2002）则对环境审计可以采用的权威性依据（准则）作了系统归纳⑤。就环境准则的内容，王健姝和杨智慧（2003）认为，环境审计准则是关于环境审计主体资格及其行为的专业规范，应包括有关环境审计主体和行为的要素，以及有关

---

① 谭映. 我国环境审计主体研究［D］. 北京：北京交通大学，2012（2）：33 —38.

② Collison D J. The response of statutory financial auditors in the UK to environmental issues：a descriptive and exploratory case study［J］. British Accounting Review，1996，28（4）：325—349.

③ 陈正兴. 环境审计［M］. 北京：中国时代经济出版社，2001.

④ Hepler J A，Neumann C. Enhancing compliance at department of defense facilities：comparison of three environmental audit tools［J］. Journal of Environmental Health，2003，65（8）：17—24.

⑤ Cahill L B. Conducting third-party evaluations of environmental，health and safety audit programs［J］. Environmental Quality Management，2002，11（3）：39 —49.

环境审计的结果①。耿建新和牛红军（2007）专门对我国政府环境审计准则进行了研究，指出制定政府环境审计准则的基本原则包括：前瞻性、可操作性、与环境审计组织体系一致。并提出我国政府环境审计准则的构建应该从以下几方面考虑：①不改变现有审计准则体系，以政府环境审计准则为突破口；②针对环境审计的特殊性对现有审计准则予以补充，最好采取业务准则的形式进行颁布；③准则可包括行为准则和技术准则两方面内容②。毛法涛和张正勇（2009）提出，未来我国政府环境审计准则体系有三个层次：环境审计基本准则、环境审计具体准则和政府环境审计执业规范指南，并且按照业务类型的不同，分别制定环境财务审计准则、环境合规性审计准则和环境绩效审计准则等③。

8. 环境审计的程序和技术方法

国外学者多结合具体的案例对环境审计的步骤和技术方法进行介绍。国内的大多数学者认为，环境审计程序与其他类型的审计程序没有什么不同，主要包括三个步骤：审计前期准备、现场审计实施、出具审计报告。关于环境审计的方法，除了同样适用常规审计方法以外，环境审计也有其独特的方法，包括环境成本效益分析、环境费用效果分析、环境决策分析、风险分析、恢复防护费用法、机会成本法和调查评估法等。

## 1 3.2　政府环境审计

政府环境审计属于环境审计的重要组成部分，考虑本文的研究需要，将其具有代表性的研究成果进行归纳和评述。

---

① 王健姝，杨智慧. 环境审计准则研究 [J]. 审计理论与实践，2003（2）：33—38.

② 耿建新，牛红军. 关于制定我国政府环境审计准则的建议和设想 [J]. 审计研究，2007（4）：8—14.

③ 毛洪涛，张正勇. 我国政府环境审计准则制定初探 [J]. 会计之友，2009（4）：31—33.

1. 政府环境审计的定义

加拿大前审计长 L. 丹尼斯·德萨特斯（1992）在国际内部审计师协会全体大会上作的报告中，虽然没有直接对环境审计下定义，但针对环境审计的概念进行了"合规性审计""效益评估""绩效控制"等方面的解释。最高审计机关国际组织（INTOSAI）于 1992 年成立了环境审计工作小组（WGEA），并于 1995 年召开的开罗会议中，把"环境审计"作为会议的第一主题，探讨了环境审计的重要性、定义框架、环境审计中运用的方法和技术等方面的问题。这次会议意味着大多数国家最高审计机关把环境资源问题列为重要的审计对象和内容，对政府环境审计的发展有着深远而重大的意义。而我国学者陈淑芳和李青（1998）基于可持续发展理论的视角，针对政府环境审计进行了定义，认为政府环境审计是国家审计机关及人员依据国家法律、法规等规定，对被审计单位的环境义务履行和环境政策执行情况的一种独立性经济监督活动。

2. 政府环境审计准则与指南

《从环境视角进行审计活动的指南》于 2001 年初，向各会员国印发。《从环境视角进行审计活动的指南》分析了最高审计机关国际组织审计准则在环境审计中运用的基础、可能风险及应对的措施，同时还阐述了政府环境绩效审计问题，提出了"合作或共同审计"等先进的环境审计方式和方法，并构建了环境审计技术标准框架。该指南的发布为各国最高审计机关更好地进行政府环境审计提供了重要的指导，对于环境审计工作在各国有效地开展具有重要的实践意义。

国内学者对于环境审计准则的制定主要持有两种不同的观点，一种观点认为环境审计与现有的各项财务审计和绩效审计所依据的审计准则没有太大的区别（荆永军，2000），只需在现有的审计法规和准则当中加入环境审计的相关条款和内容（刘力云，1977）。另一种观点则认为，环境审计所涉及的内容多、范围广，应当制定符合其特殊性的审计准则（辛金国、李青等，2000）。关于审计准则的内容，辛金国等（2000）认为，制定环境审计准则的内容时应当考虑环境审计自身的特点，并提出了制定"一般、外勤和报告"三个层次的环境审计准则的完善建议；王健姝和杨智慧（2003）在分析了我国环境审计准则研究现状和不足的基础上，指出了环境审计准则的基本要素以及发展趋势；耿建新等（2007）在归纳了国内外环保法规和审计准则的相关变迁情况的基础之上，对我国政府环境审计准则制定的必要性进行了阐述，并就准则内容的制定提出了建议和设想；毛洪涛和张正勇（2009）提出了我国政府环境审计准则体系应当包括准则和指南两个层次的构想。

3. 政府环境绩效审计的主体

国外环境绩效审计的主体以政府审计机关为主，而企业内部审计部门和第三方独立审计机构为辅（陈钰鸿，2006）。西方发达国家十分重视环境绩效审计，在政府主导下开展了大量的环境绩效审计项目（闫嘉韬，2010），使得政府环境绩效审计得到了飞速的发展。我国目前环境绩效审计的主体也主要是政府审计机关，国内只有少数学者（杨智慧，2003；谭映，2012；等）对绩效环境审计的主体进行了初步的探讨和研究，而内部审计机构或者社会审计组织极少参与环境绩效审计。

4. 政府环境绩效审计的内容

对于环境绩效审计的内容研究，人们更多地关注政府审计，而对内部审计或社会审计的探讨较少（陈钰鸿，2006）。WEGA（2001）在其印发的《从环境视角进行审计活动的指南》中指出，政府环境绩效审计应当进行评估的内容主要包括对政府环境法规的执行效果、对政府环境项目的经济效益、对政府其他项目的环境影响、对环境管理系统的审计情况和对环境政策及项目的计划情况五个方面。李学柔等（2002）认为，环境绩效审计可以分为三个部分，分别是政府环境政策的绩效审计、政府环境工程的绩效审计和企业环境的绩效审计。陈希晖和邢祥娟（2005）从微观和宏观的两个层面对政府环境绩效审计的内容进行了阐述。孙丽芳（2009）、王学龙等（2011）和任琳（2012）等学者，对政府环境绩效审计评价体系的构建等方面进行了探讨和研究。

5. 政府环境绩效审计的方法

在政府环境绩效审计的方法和技术方面，浙江省审计学会课题组（2004）提到，如审阅、观察、查询、鉴定和复核等常规、传统的审计程序和方法同样适用于环境绩效审计是被普遍接受的观点，并指出开展环境绩效审计还需要引入费用效益分析法、跟踪监测法、边际分析法、环境经济评价法等先进的科学方法；环境绩效审计的过程仍然主要包括了计划、实施和报告三个重要的审计步骤和阶段。而国外的相关研究和经验表明，后续审计或跟踪审计在环境绩效审计中发挥着十分重要的作用（陈钰鸿，2006；闫嘉韬，2010；等）。在美国和加拿大等国家，一般每年或隔年都会针对进行过环境审计的事项进行后续审计或跟踪审计。INTOSAI 鼓励各国最高审计机构实施跟踪审计，而我国审计署在《关于加强资源环境审计工作的意见》中也明确提出，要积极开展跟踪审计。国际上对于环境绩效审计的方法研究仍处于起步阶段（李梅山，2006），认为传统的调查研究法、市场预测法、对比分析法、因素分析法、经济效益评价法等都适用于环境绩效审计，而且随着研究和实践的不断深入，联合审计和合作审计，以及生态效益分析法等创新的方法和方式也逐渐被广泛地运用到环境绩效审计当中，不断推动着环境绩效审计的发展。

6. 政府环境审计现有研究成果

目前，国内外的政府环境审计逐渐受到人们的关注并取得了较大的发展，对于政府环境审计的研究与实践也日益增多。从我国政府环境审计所研究的内容来看，既包括了借鉴国外先进的经验对政府环境审计定义的探讨，也包括了关于审计准则与指南制定的设想。同时，对于政府环境绩效审计的研究也日趋增多，讨论了有关政府环境绩效审计的内容、方法和程序等问题。但是，这些研究对于政府环境审计是否提升了环境管理的绩效，以及如何真正有效发挥其作用的机制等问题，缺乏系统的研究。对于政府环境审计现有研究成果的贡献与不足评价如下：

从环境审计产生至今已有多年的历史，各国政府和审计机关越来越重视环境审计，在这些政府和审计机关的推动之下，世界各国除了做了大量的理论研究之外，还组织相关部门和人员开展了多项政府环境审计工作，实施了大量政府环境审计项目，使政府环境审计的理论研究工作取得了一定的成果，并积累了丰富的政府环境审计实践经验。尤其是美国和加拿大等发达国家，政府环境审计理论与实践的发展日趋成熟，政府环境审计的研究内容也日益丰富，对于政府环境审计的定义、目标、内容和范围、程序和方法等基本问题都进行了探讨。国外还有较多关于政府环境审计的研究成果，如审计技术方法等，一些国家和组织还陆续制定了环境审计的指导性准则。虽然我国的政府环境审计研究还处于探索和发展的阶段，但有越来越多的机构和学者开始将调查研究法、因素分析法、效益分析法等先进方法运用于政府环境绩效审计领域，这些尝试对于我国未来政府环境审计的发展具有深远的影响。

现阶段，我国对于政府环境审计的研究仍然存在着许多不足之处。首先，对于政府环境审计基本理论的众多问题没有形成较为一致的观点，对于政府环境审计的本质、目标、内容和方法等依然处于"百家争鸣"的状态，这势必会对政府环境审计的发展产生阻碍。其次，政府环境审计会涉及众多学科的相关内容（比如环境管理学、统计学、环境经济学等），但就目前而言，我国对政府环境审计的学科融合研究力度尚待加强。最后，相对于国外先进水平而言，我国政府环境审计的研究方法和手段相对滞后。目前，关于我国政府环境审计的相关研究多为规范性研究和分析，而实证研究的定量分析较为匮乏（刘长翠等，2015；张长江等，2011；程亭等，2012），从而导致我国的政府环境审计研究成果缺少实用性，难以有效地指导政府环境审计实践工作。

## 1.3.3 环境审计的实证研究

有关于环境审计的实证研究主要集中在国外，研究主题较丰富。Stafford（2006）检验影响政府采纳环境审计立法和自我监督政策的因素，交叉 Probit 模型和 Weilbull 比例危害模型结果都显示政治背景和政府联邦的关系在采纳决策中是重要影响因素，而环境状况相对次要，机构能力最不重要[①]。Bae & Seol（2006）选取标准普尔 500 家公司，调查研究环境审计计划与不同的组织特征之间的关系，发现采用环境审计计划的公司数量在增加，行业特征是组织采用环境审计计划决策的影响因素[②]。Darnall（2008）等用利益相关者理论探讨组织对不同类型环境审计的运用，通过对国际制造业数据的分析，表明环境审计的运用与内部和外部利益相关者的影响都有关，而且这些关系比以前所认识到的要复杂得多。另外，还发现环境审计的不同类型，为企业创造了更多增进经营效率和效果的机会，使其产生更好的企

---

[①] Sarah L，Pub Stafford. State Adoption of Environmental Audit Initiatives [J]. Contemporary Economic Policy，2006（1）：172—187

[②] SangHoo Bae，Inshrik Seol. An Exploratory Empirical Investigation of Environmental Audit Programs in S&P 500 Companies [J]. Management Research News，2006（9）：573—579.

业业绩①。Evans（2011）等利用密歇根州独有的工厂层次的数据，检验制造工厂对于美国危险废弃物规定的长期遵循性，发现工厂规模越大和所需遵循的规则越严格，就越可能进行环境审计；反之，遵循记录越差的工厂越不可能进行审计。但 Evans 等未发现密歇根州制造工厂对可能的规则合规性审计的重要长期影响②。

## 1.3.4  环境审计的问题和对策研究

环境审计的问题和对策研究主要集中在国内，关于我国环境审计存在问题和对策研究的文献很多，学者们的观点比较集中和相似。学者们分析我国环境审计存在的问题主要有：环境审计重视程度不够，环境审计研究虽多但不成体系，环境审计范围狭窄，环境审计缺少法规制度支撑、缺少环境成本和效益指标体系等。提出的对策有：重视环境审计的作用、加强环境审计研究、加快环境审计立法、拓展环境审计的范围、制定统一的环境审计指标评价体系等。

随着环境问题越来越受到全世界的关注和重视，环境审计的理论研究越来越多、涉及面越来越广。综合国内外研究现状可知，由于学者们研究的目的和视角不同，有关于环境审计的基本概念研究仍没有形成统一的意见。环境审计的定义、内容和对象等认定存在着争议，有待进一步厘清；环境审计的实证研究较多地集中在国外，而国外对以政府为主体的环境审计关注较少，更

---

① Nicole Darnal，Joseph Sarkis. Perceived Stakeholder Influences and Organizations' Use of Environmental Audits ［J］. Accounting，Organizations and Society，2008（2）：170－187.

② Mary R Evans，Lirong Liu，Sarah Stafford. Do Environmental Audits Improve Long-term Compliance? Evidence from Manufacturing Facilities in Michigan ［J］. Working Paper，2011.

加侧重于社会审计组织和内部审计机构的环境审计，所以国外环境审计实证研究对我国政府环境审计实践的指导意义不强；环境审计的问题和对策研究虽然较多，但由于缺乏统一的思想统领，显得过于零散不成系统。

环境问题存在的本质是由于人类的生产、生活活动所带来的直接或间接的影响。我们将环境问题大致分为两类，第一类是原生环境问题，第二类是次生环境问题。这两种问题都是因为人类不合理地开发和利用资源而对自然环境造成破坏，以及由此产生的各种生态效应，也就是人们通常所说的"生态破坏问题"。这样的案例在我们的生活中比比皆是：过度开采引发地质灾害、过度放牧引发草原沙漠化、不加限制地排放污染物诱发大面积疾病蔓延、不加限制地进行放射性实验诱发变异等，都是破坏了人与自然的和谐关系之后，人们赖以生存的生态系统的崩溃与瓦解。该如何应对生态文明建设，环境审计是否能发挥作用并且真正起到控制环境的功效，这将是本书所关注的焦点问题。

# 第 2 章　环境审计作用路径的理论分析

## 2.1　重要概念

### 2.1.1　环境

　　环境（environment）的概念分为广义和狭义。广义的概念是相对于某些事物（一般称之为主体）来说的，它是围绕着该事物并且会对该事物产生某些影响的所有周围的外界事物（一般称之为客体），主要包括了自然环境和人文环境。而狭义的概念是依照我国《环境保护法》的定义来说的，环境是指影响人类社会生存和发展的确各种天然的和经过人工改造的自然因素总体，包括大气、水、海洋、土地、矿藏、森林、草原、野生动物、自然古迹、人文遗迹、自然保护区、风景名胜区、城市和乡村等。本书所指的环境是狭义上的环境，即自然环境。

### 2.1.2　环境审计

　　广义地说，环境审计（environmental auditing）是对环境管理的某些方面进行检查、检验和核实。1996 年发布的《中华人民共和国国家标准：环境审核通用指南》（简称《环境审核通用指南》）中指出，环境审核是客观地获取审核证据并予以评价，以判断特定的环境活动、事件、状况、管理体系，或关于上述事项的有关信息是否符合审核准则的一个以文件支持的系统化验证过程，包括将这一过程的结果呈报委托方，是验证与帮助改进环境表现（行为）的一项重要手段。陈思维（1998）在其《环境审计》一书中，将各学者的观点归纳为"环境管理责任论""管理工具论"和"监督鉴证评价论"三种，并指出"环境审计是指审计机关、内部审计机构和注册会计师，对政府和企事业单位的环境管理系统及经济活动的环境影响进行监督、评价和鉴证，使之积极、有效、得到控制并符合可持续发展的要求的审计活动"[①]，但该定义的范围显得过于宽泛。而陈正兴于 2001 年出版的《环境审计》则将环境审计定义为"是对生产、生活活动过程中产生的环境问题的抑制、消除，或对改善环境而进行的经济活动的真实性、合法性、效益性进行监督、鉴证、评价，使之符合可持续发展要求的一种独立监督行为"[②]。李永臣（2007）指出陈正兴（2001）对环境审计的定义直接将目标指向了环境活动，而并未对环境审计的客体进行明确的界定，提出了环境审计应当广泛地包括环境活动的综合评价等[③]。

如前所述，目前理论界和实务界仍未对环境审计形成较为统一的观点，但绝大多数的学者和机构都倾向于把环境审计视作一种有用的环境管理工具。笔者认为，《环境审核通用指南》中提出的"环境审核"与李永臣（2007）提出的广义的环境审计概念更能够恰当和充分地解释和说明环境管理绩效和环境管理监督的问题。因此，本书将环境审计定义为：对特定的经济活动及其环境影响，进行客观的监督和评价，并获取审计证据的系统化过程。

---

① 陈思维. 国际会计的区域协调 [J]. 审计与经济研究，1998 (3)：44-46.
② 陈正兴. 环境审计 [M]. 北京：中国时代经济出版社，2001.
③ 李永臣. 审计独立性的逆向思考 [J]. 中国注册会计师，2007 (1)：68-69.

### 2.1.3 政府环境审计

政府环境审计（government environmental auditing）是指，由国家审计机关对政府和企事业单位的环境管理活动，以及环境管理系统中的环境问题和环境责任，依法进行监督、评价和鉴证的过程。我国审计署自 1998 年设立农业与资源环保审计司以来，开展和组织了多项环境审计，使得政府环境审计具备了其他政府审计所没有的职能。政府环境审计与促进环境保护的环境主管部门（环境保护部等）区别开来的是，政府环境审计更注重环境保护资金使用的合法性和效益性，对促进政府环境政策的落实和完善发挥着不可替代的重要作用。

本书主要参考的是我国审计署对于政府环境审计的定义：是为促进政府实施可持续发展战略，由审计机关对政府、企事业单位等被审计单位的环境管理以及有关经济活动的真实、合法和效益性所进行的监督、评价和鉴证等工作。

### 2.1.4 环境绩效

参照国际标准化组织（ISO）于 1996 年推出的 ISO 14000 环境管理系列标准，环境绩效（environmental performance）是指组织对其环境因素进行管理所取得的可测量结果，该标准有助于说明政府环境审计对环境绩效改善的影响是可获得和可测量的。Linitch 等学者（1999）把环境绩效划分为结果与过程、内部与外部两个方面，付瑶（2012）在此基础上进行了论述，并认为环境绩效是环境管理活动对自然环境和自身组织的环境影响。魏艳素等（2006）指出，环境绩效是在环境保护和污染治理过程中所取得的社会效益。余曼（2010）则运用了环境质量绩效的概念，指出对环境污染防治和环境质量改善等方面获取的成效就是环境绩效。

根据国内外学者的观点并结合本书的研究需要，本书将环境绩效定义为政府从事环境管理和污染防治等相关活动中所取得的成效。

## 2.1.5　环境绩效改善

环境绩效改善（environmental performance improvement）是指，环境绩效在经过特定的环境管理活动（政府环境审计）之后所获取的提高和改进。国内外学者对于如何评价环境绩效还存在着争议，但笔者在查阅相关文献过程中，发现了对本书研究比较具有参考意义的观点：Klaseen 等（1996）认为积极的、有利的环境事件的发生数可以视作环境绩效的改善；Comeir（1997）指出，以污水排放量的降低作为衡量环境绩效改善的指标，提出环境绩效的改善应该用污染物的实际排放量年平均变化值去测量；Stanwick（1998）则提出以废物回收率的提高作为衡量环境绩效改善的指标。

# 2.2　理论基础

政府环境审计的发展需要理论基础的支撑，环境审计的理论基础需要对环境审计的产生和发展的原因、条件、影响因素等加以解释和说明，其也是研究环境审计的对象和范畴时的理论依据。政府环境审计是一个新兴的审计领域，从学科的分类来看属于审计学科的一个分支，传统的审计学理论基础也是环境审计的理论基础，但是从政府环境审计产生和发展的状况来看，政府环境审计又具有其自身的特点，从而政府环境审计应当有其特殊的理论基础。

### 2.2.1 公共受托责任理论

1. 公共受托责任理论概述

根据委托代理理论，为了维持委托代理关系有一个重要的基本前提，那就是委托方对代理方的受托经济责任进行审查和监督。按照民主政治理论的一般观点，国家的权力来源于人民，但是人民并不直接行使其权力，而是通过法律的形式将权力赋予代表社会公共意志的国家，并委托国家权力主体代其进行社会公共事务的管理，而公共受托责任是建立在社会公众与政府之间的委托代理关系之上的。自 20 世纪 70 年代以来，西方学者提出了公共部门受托责任的概念，指出公共受托责任就是指接受社会公众委托的政府部门和机构，运用公共资源从事各项社会公共事务的管理活动时应当承担的经济责任。这种经济责任包括对社会公共事务履行管理的职能和向社会公众报告的义务，是受托经济责任的延伸和拓展：一方面，政府应当从社会公众的共同利益出发，妥善运用社会公共资源和财产对国家和社会的公共事务履行管理职能；另一方面，政府应当向社会公众报告经济责任的履行情况。

2. 公共受托责任理论的基本原理

对公共资源管理状况的评价是公共受托责任的核心，社会公众赋予政府部门和机构的公共权力是其维护社会公共秩序和保障社会公共利益的基础，是政府履行公共受托责任的前提条件。社会公众或者独立的第三方监督机构对政府部门和机构进行公共事务的管理及其报告情况依照经济性、效率性和效果性等公共资源绩效评价标准，以及公平性、环保性等公共评价标准，监督和评价对受托方（政府部门和机构）管理公共资源的状况，并将结果反映给委托方（社会公众）。加强对政府部门和机构的监督和审查，是强化政府公共受托责任，以及提高政府管理效率和服务水平的重要实现途径。

政府部门和机构在履行公共受托责任时的具体任务，应当包括维护社会公共秩序、合理配置社会公共资源、保障社会公众的基本民生和改善社会公众的民生状态等多个方面。公共受托关系是在政府与社会公众之间存在的动态的经济管理关系，它随着经济社会的发展而发展，主要有公共受托财务责任、公共受托管理责任和公共受托社会责任三种形态。在社会经济和民主政治不是很发达的情况下，公共受托责任以合法性审查为主，也就是说社会公众主要关注政府的公共受托财务责任。在公共资源的管理规模逐渐扩大的情况下，政府对于社会公共事务的管理范围、方式等发生改变，使得政府公共管理职能扩大，社会公众也开始逐渐更加关注政府的公共受托管理责任。随着经济社会的不断发展，社会公众基本需求得到满足，政府的公共受托财务责任和公共受托管理责任基本得到履行的情况下，社会公众就会更加强调作为公共受托人的政府在公共资源管理和公共事务管理方面应当履行社会责任（如维护社会的稳定发展、促进社会的公平正义、保护生态环境等），因此政府更好地履行公共受托社会责任将会是当前公共受托责任的主要发展方向。

3. 公共受托责任与政府环境审计的产生

由于企业所有权和经营权二者分离，在一定条件下，委托方与受托方的利益存在冲突，因此委托方需要独立的第三方，客观地对受托方的受托经济责任履行情况进行监督和评价。以财务收支检查监督为基础的审计，正是因为对委托代理关系产生的受托经济责任的监督和评价需要而产生的。类似的，公共受托关系和公共受托责任的确立催生了政府审计，其目的是为了促进政府公共受托关系的改善和确保政府公共受托责任的有效履行。随着公共受托责任的形态和政府审计职能的发展，政府审计细分为了政府绩效审计、经济责任审计和政府环境审计等重要类型。其中，只有政府环境审计职能的充分实现（即有效地促进环境绩效的改善），才能保证政府公共受托责任中环境保护和环境管理责任的有效履行。

### 2.2.2 外部经济理论

1. 外部经济理论概述

外部经济理论，也被称为经济外部性理论，主要是研究外部经济性活动对社会福利产生的有利或者不利影响，以及如何去运用或者限制这些影响的理论。英国经济学家马歇尔（Marshall）在 1980 年出版的《经济学原理》一书中首次提出了"外部经济"的概念。马歇尔的学生庇古（Pigou），在 1920 年出版的《福利经济学》中，从福利经济学的视角出发，系统性地运用了现代经济学的方法，对"外部经济"这一概念的内涵进行了阐述和解释。此后，科斯（Coase）在其 1960 年发表的《社会成本问题》的论文当中探讨了应如何有效地将外部经济效应内部化的相关问题，即著名的"科斯定理"（coase theorm）。

2. 外部经济理论的基本原理

外部经济是指社会上的一个经济单位主体的经济活动、行为对整个社会或社会中其他的经济单位主体造成了有利或不利的影响，却没有获得相应回报或承担相应义务的情形。其中，有利的影响称为"正的外部经济"，也称之为"外部经济"，是指一个经济单位主体的经济活动、行为对整个社会或社会中其他的经济单位主体产生了积极的影响，无偿地为其他经济单位主体带来了利益而自身没有获得相应的报酬（社会价值＞私人价值）；与之相反的，不利的影响称为"负的外部经济"，也称之为"外部不经济"，是指一个经济单位主体的经济活动、行为对整个社会或社会中其他的经济单位主体产生了消极的影响，为其他经济单位主体带来了成本而自身没有承担相应的义务（社会成本＞私人成本)。这种理论认为在自由竞争的市场经济当中,私人生产成本与社会生产成本并不对等,而私人经济福利与社会经济福利也有很大的不同。因此,个体经济单位主体在做决策时,并不会考虑某些经济活动或行为而产生的部分效益或成本,从而导致低下的资源配置效率和引起市场失灵的现象。但是市场经济政策这只"看不见的手"不能够消除外部不经济的现象,因而需要政府进行适当的行政干预,通过公共政策来解决外部性的问题。

3. 外部不经济与环境问题的产生

现代环境经济学对环境问题产生的原因进行了深入的探讨和分析,认为由于环境资源具有公有资源这一经济属性,因此不具备排他性,即任何一个经济单位主体都可以免费地使用。而环境质量作为一种公有资源,无法或者很难对消费环境质量进行收费,使得市场中的每个经济单位主体不能进行成本和效益原则的"理性"考虑和选择,从而导致整个市场或社会的"不理性",市场机制失灵,市场经济条件下的外部性导致了环境问题的产生,使环境问题成为最典型的外部不经济现象。

## 2.2.3 可持续发展理论

可持续发展(sustainable development)的概念由以时任挪威首相的布伦特兰德夫人为首的联合国环境与发展委员会(WECD)在 1987 年的第一次联合国环境与发展会议(UNCED)上正式提出,该次会议还系统地探讨了事关全人类的环境与发展问题。与国际社会的主流趋势一样,我国也对可持续发展十分重视,在 1994 年制定的《中国 21 世纪议程》中,首次把可持续发展战略纳入我国经济和社会发展的长远规划当中,而中共十五大、十六大等更是将可持续发展作为我国现代化建设和全面建设小康社会的重要发展战略。

## 2.2.1 受托环境责任观

受托责任（accountability）的产生是审计出现的本源，受托责任观则是审计的核心思想。受托责任观的评价内容和范围的不断拓展，正是推动审计理论发展的内在动力和源泉。Richard Brown 曾说过，当社会文明发展到某个人托付财产的阶段时，那么对前者的忠诚进行某种检查的合理性就显而易见了。不难分析出，受托责任关系的存在势必然会导致委托者和受托者的关系并存，这正是受托责任的内在含义："受托责任是按照特定要求或原则经管受托经济资源并报告其经管状况的一种义务，它是现代审计之魂"①。

人类社会的不断演变和进步，推动着社会经济不断地发展，与之相适应的是人们对于受托责任中特定的要求或原则也在同时发生着一系列的变革。这些特定的要求或原则的不断发展，催生出了不同类型的特定的受托责任类型。不同类型的受托责任演绎成了不同种类的审计，也就是说，各种不同的审计类型是为了适应不同类型的特定受托责任的要求和评价内容而产生、发展和深化的。

蔡春教授认为，受托责任是按照特定要求或原则经管受托资源并报告其经管状况的义务，其中包括行为责任和报告责任两部分。解读受托责任可以从狭义和广义的角度出发：所谓狭义的受托经济责任，也被称为传统受托责任，是单指目前适用法律层面上的受托人对所受托资源的法定所有者而言，所应该承担的责任；狭义的受托责任可以认为只是一种简单的、直观的理解模式。

---

① 蔡春，陈晓媛. 关于经济责任审计的定位、作用及未来发展之研究［J］. 审计研究，2007（1）.

广义的受托责任拓展了各利益相关者，也就是说，在责任履行期间，受托人、被受托人和利益相关者都应该享受履责的权利。受托责任可以这样地去扩展其含义，根本原因在于社会是一个由其各个因素相互作用、相互影响而形成的动态系统。具体而言，每一种受托责任的履行并不是独立于社会其他有机体因素之外的，受托人的履责行为必然要涉及各类型的利益相关者，进而对他们产生一定的影响；此外，受托人的存在和发展也必须同时依赖于各类型的外部利益相关者，故所谓"牵一发而动全身"。因此，受托人为之负责的对象除了特定的直接利益所有者之外，还必然包括与被受托人履责行为相关联的若干利益相关者[1]。例如，就现代政府或政府的某一个部门而言，特定的直接利益所有者虽然只是纳税人，但实际上社会各阶层、各团体等都是利益相关者，因为彼此之间都会不可避免地发生千丝万缕的联系。蔡春（1996）提出，对企业而言，其特定的直接利益所有者也不仅仅是股东，其利益相关者还包括其他投资者、债权人、上游供应商、销售商、消费者、政府中税务等相关部门、地方各人民团体，甚至是司法检察机关等。正如迈克尔和戴维（1983）所认为的，一个组织除了法律上的所有者之外，还存在与其有某种关系的其他人，而一个组织要想生存发展，必须创造高额报酬以激励这些关系人做出必要的努力[2]。

要研究环境审计，当然要从研究环境责任开始，对于受托人所承担的各种环境责任的划分，一直以来都是一个研究难点。按照蔡春教授对环境责任的划分，"环境责任可初分为行为责任和报告责任"（蔡春，1991、2001、2006）。对于行为责任这种划分

---

①　蔡春，车宣呈，陈孝. 现代审计功能拓展论［M］. 北京：中国时代经济出版社，2006.

②　Sherer M，David Kent. Auditing and Accountability ［M］. Boston：Pitman Books Limits，1983.

标准，我们应该这样理解：第一，根据普遍联系的观点，责任的划分并不是绝对的，每一种责任其实就是侧重于某一具体方面的评价内容，与其他的责任势必存在着某些联系，甚至部分重复。第二，根据委托人的要求，受托人对受托经济资源应该承担的受托经济责任是平行的，每一种责任的履行都有其特定的规则和内在的运行机制。也就是说，受托责任强调是按照科学发展观的基本要求提出的，这要求受托人在履行受托责任的时候，既能满足当代人的需要，又不对后人满足其需要的能力构成危害的发展。也就是"绝不能只吃祖宗饭，断子孙路"[①]。因此受托责任理论是符合经济、社会、环境和生态系统的内在联系和要求的。

在整个社会中，存在着各种类型的委托、受托关系，从委托人的角度来说：对于企业，委托人包括雇员、供应商、债权人、股东以及其他消费者 A1；对于中央政府，委托人包括社会大众、纳税人、国际关系人 B1；对于地方政府，委托人包括中央政府、纳税人、本区公民 C1；对于企业较低（或中间）管理层，委托人是企业中上一级管理层或最高管理当局 D1。

从受托人的角度来说：对于企业，受托人包括董事会和企业管理当局 A1；对于中央政府，受托人包括中央政府行政主管部门、中央政府行政执行机关以及主要负责人 B2；对于地方政府，受托人包括地方政府行政主管部门、地方政府行政执行机关以及主要负责人 C2；对于企业较低（或中间）管理层，受托人包括较低或中间管理层及其主要负责人 D2。

由此形成了多种委托、受托关系以及相应的受托责任类型（见表 2—1）。

---

① 资料来源：http://finance. ifeng. com/opinion/jjsh/20100907/2594874. shtml

**表 2-1　受托责任类型①**

| 受托方 | 委托方 | 受托责任类型 |
|---|---|---|
| A1 | A2 | 企业的受托责任 |
| B2 | B2 | 中央政府的公共受托责任 |
| C1 | C2 | 地方政府的公共受托责任 |
| D1 | D2 | 组织内部的受托责任 |

## 2.3　评价目标导向环境责任审计评价

### 2.3.1　评价目标导向环境责任审计评价方法的理论分析

　　评价目标导向环境责任是受托领导人在就职时，依照受托人的要求或特定原则所应当承担的评价目标化的受托环境责任。"每一种特定类型审计都是一种特定的审计控制手段或形式，其具体针对特定形式与评价内容的受托责任"（蔡春，2001）。环境审计的存在归根到底是一种特殊的控制手段，通过对环境责任人的行为履责，达到保护环境的目的。所以在对责任人的行为履责之前，需要明确环境责任目标，将环境责任目标人格化，才能界定责任人的行为准则，也才能准确地对责任人任期期间所履行的环境责任进行审计评价②。

　　评价目标环境责任的确定本身就是一种可持续发展的模式，从公共受托环境资源出发来界定评价目标责任体系。本书将参照环境责任的划分，将评价目标环境责任进行分解，具体分为水环

---

　　① 杨晓磊. 经济责任审计中评价目标经济责任的确定与经济责任履行报告研究 [D]. 成都：西南财经大学，2010.

　　② 蔡春. 关于经济责任审计的定位、作用及未来发展之研究 [J]. 审计文摘，2007（9）.

境责任、大气环境责任、生态环境责任，这些评价目标都是由基本评价目标（履行公共受托环境责任或企业受托环境责任）统领下的，各具体子评价目标所组成的评价目标体系。同时，由于评价目标环境责任内在的公共受托环境责任或企业受托环境责任在不断地拓展和演变，因此评价目标环境责任的内涵和外延也在不断地深化和发展，显然，这与现实是相符合的。随着社会不断发展，公众对领导人的要求越来越高（委托人对受托人要求越来越高），领导人的考核评价内容也越来越多，难度越来越大，范围越来越广，领导人的评价目标环境责任评价内容体系也就日趋完善了。

　　所有的环境活动都是有一定目的的，要想有效实现其预期目的，就必须要有一个在一定时间所要达到的明确评价目标。故所谓评价目标环境责任，就是指受托人在就职期间应该承担的各类环境责任，并将其以评价目标的形式确定下来，最后用环境责任履职报告将评价目标的经济责任进一步加以细化，如图 2-1 所示的 CASB 评价目标结构图。

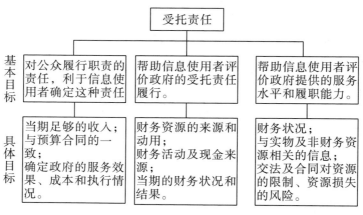

**图 2-1 GASB 评价目标结构图**

（资料来源于："李建发《政府会计论》"P151）

对审计活动进行评价是现实生活中非常重要的一个问题，它同时也是引起许多理论工作者和实务工作者关注却又争论不休、众说纷纭的话题。评价从本质上说就是一种观念性的价值认可。事实上，评价无处不在，它已经深深地渗透于生活的每一个细节，人们处处都在自觉或不自觉地展开评价——对自然、对社会、对他人、对自己；当然也在无时无刻地被评价着——被他人、被自己。

按照泰勒模式，评价的步骤是：首先确定评价的标准，接着设定评价的环境，然后设计评价方法，最后讨论评价结果的进一步使用效益。从评价理论来说，评价的本质就是合规性。但合规的行为确定前提是目标性，所以有了目标才有可能合规。因此，审计评价归根到底是由评价目标导向进行的一种判断活动①。这种判断结论属于一种具有超前性的价值判断，它既有可能是现有已经存在的客体所派生出的新客体，也有可能是新客体中的一种，甚至可能是新创造的客体。评价最基本的形式之一，是将同样具有价值的客体进行比较，从而确定其中哪一个更具有价值、更值得争取，这是一种对价值排序的判断，也可以认为是对价值程度的判断。因此，我们可以这样认为：在众多评价的功能中，评价的判断功能是最直观、最浅显，也是最有效的一种功能，它将决定对客体的取舍。

## 2.3.2　评价目标导向环境责任审计评价的本质

评价是人类的一种认识活动。环境审计评价的定位是一种以揭示评价目标导向环境责任的价值观为主，构建评价目标导向环境责任价值世界的认知活动。

当评价目标的客体在一定程度（主体认可）上，以某种方式

---

① http://baike.baidu.com/view/26945.html

满足了主体（领导人）的要求时，此时客体对主体（领导人）而言，客体是有价值的；同理，如果客体在任何程度（主体认可）上都不能满足主体（领导人）要求时，客体对主体（领导人）而言，客体就变得毫无价值了。但是有这样一种情况存在：虽然客体并不能满足主体（领导人）的要求，但客体却具有满足主体（领导人）需要的可能性时，客体对主体（领导人）而言，客体具有某种不确定的潜在价值。因此，价值是动态的、可发展变化的一种经济现象，它存在于当客体满足了主体（领导人）某种程度的要求时，应运而生的一种效应和效果。这样的效果是简单的、直接的、外在的、凸显的和可观测到的，但这背后的逻辑关系却是复杂的、间接的、内在的、深藏的和不能直接认识的。

我们对环境责任审计评价的研究正是要对其内在的主、客体之间的关系进行进一步研究。环境责任审计评价的目标是揭示主体（领导人）与客体之间的环境责任价值关系，它研究的对象是主体（领导人）与客体之间的环境责任价值关系。

### 2.3.3  评价目标导向环境审计评价的特点

开展评价目标导向环境审计评价并不是一种简单的经济活动，因为它涉及社会经济的各个方面，同时也存在复杂性和多变性，也有一定的危险性。尽管如此，这项工作却势在必行，因为审计活动评价的主要目的在于揭示（解除）主体（领导人）与客体之间的环境责任价值关系。因此，这种特殊的环境责任价值关系不会因为评价的展开而开始，也不会因为评价的结束而结束。

因此评价目标导向环境责任审计评价作为把握客观存在的责任价值关系的一种经济活动，具有其独特的运作方式。这里包含两层关系：一层是评价主体和评价客体的关系，也就是经济价值关系，第二层关系是经济价值主体和经济价值客体之间的关系，也就是经济价值两端之间的关系。由于评价目标导向环境审计评价从本质上说就是要揭示价值主体与价值客体之间的关系,因此在这样的环境责任价值关系中,任何一方的变化都将使这一责任关系发生变化。其中,环境责任价值主体(领导人)需要承担的评价目标环境责任的变化,所导致的评价目标导向环境责任价值关系的变化是最凸显的。

## 2.4 生态文明建设对环境审计的新要求

十八大报告提出要将生态文明建设与政治、经济、文化、社会建设一起纳入我国"五位一体"的建设总布局,显然我国现代化建设重要组成部分之一的生态文明建设是一项庞大的系统工程,它与政治、经济、文化、社会建设的质量都息息相关,它不仅关乎人民福祉和中华民族存续和发展的长远大计,更是国家治理的一项重要任务。作为参与国家治理的国家审计部门,具有独立履行审计监督的职责,独特的职业视角和工作方法,依法问责、追责的工作特点,故而应该通过政府环境审计这一手段,揭示我国生态环境可能存在的重大问题和隐患,提出合理的整治意见和改进建议,促进资源环境保护和利用、防范环境风险、维护国家环境安全,从而贯彻落实保护环境和节约资源的基本国策、推动我国的生态文明建设。

近年来,我国审计署和地方各级审计机关积极组织实施节能减排、水污染防治、退牧还草、土地管理和污水垃圾处理等多项环境审计项目,在污染防治、资源节约和环境保护等领域发挥了重要的作用,是促进我国经济社会全面、协调、可持续发展不可缺少的力量。为了更好地发挥环境审计在国家治理和生态文明建设中的重要作用,生态文明建设对环境审计提出了以下要求:

(1)在政府环境审计工作部署上,应提高责任意识、增强忧患意识、加强宏观意识。党的十八大做出了生态文明建设的战略部署，作为国家治理"免疫系统"的审计机关，应当以人民福祉、民族未来为己任，以建设美丽中国为目标，以对历史和子孙后代高度负责的态度，提高责任意识、增强忧患意识，在审计工作中坚定资源环境保护优先的理念，加大环境审计力度，时刻关注生态环境底线和红线，将政府环境审计的工作思路统一到生态文明建设这个系统工程上来。生态环境问题涉及经济社会发展的全局，审计机关应树立宏观、整体和全局意识，以生态文明建设为视角，实施具体的环境审计项目。关注保护环境、节约资源基本国策的落实情况，从体制机制的层面发现问题、分析原因、提出建议，促进深化改革和制度创新。

（2）以促进生态文明建设为目标，将环境审计的内容融入所有专业审计当中。在实施审计项目时，要把生态文明的理念融入各项审计工作，使环境审计内容常态化。企业审计要关注企业环保主体责任的落实情况、节能减排和清洁生产推进情况、环境风险防控体系建设情况等；金融审计要关注金融行业的信贷资金投向是否按照生态文明建设的要求执行"绿色信贷"政策，将生态保护、污染治理效果和符合环境检测标准作为信贷审批的重要前提；财政审计要关注有关环境保护专项资金、生态工程建设项目资金的使用和管理情况，关注财政支出对生态文明建设的作用；投资审计要关注建设项目防治污染设施与主体工程同时设计、施工、投产的制度，关注防治污染设施的建设运营情况；经济责任审计要关注领导干部在生态环境方面的经济责任，关注因投资决策失误和管理不当造成的环境问题、是否完成节能减排的指标和环保基础设施建设项目，以及招商引资项目对生态环境的影响。

（3）树立生态文明建设的全局观，建立多部门合作机制，整合审计资源，提高环境审计效率，增强环境审计效果。生态文明建设是我国现代化建设的一部分，仅仅依靠审计部门的力量是远远不够的，需要全社会的共同参与和努力，要通过区域间各个部

门的交流和合作才能完成。环境审计项目要更好地服务生态文明
建设，必须争取与生态文明建设直接相关部门的支持和配合。比
如有些专业性很强的环境审计项目，可以聘请专家和技术人员参
与；常态化的环境审计项目，可以与政府有关职能部门建立沟通
协调机制、成果开发利用机制等，共同协商解决环境问题的办
法，探讨保护资源环境的措施，提高政府相关部门对环境审计的
认可度，从而充分运用审计成果，提高环境审计的质量、效果和
效率，发挥环境审计在生态文明建设中应有的作用。

（4）服务生态文明建设的环境审计应以环境绩效审计和环境
责任审计为重点。生态文明建设背景下的政府环境审计工作应该
更加关注各种生态环境的保护和修复、清洁能源和可再生能源的
开发利用、资源的节约和良性循环使用、落后产能的及时退出
等，仅仅依靠环境财务审计和财务合规性审计远远不能实现这一
目标要求。环境绩效审计是目前政府环境审计发展的趋势和方
向，是比环境财务审计、环境合规性审计更高层次、更全面的审
计，涵盖了审计的鉴证、评价和监督职能。环境绩效审计包括环
境政策绩效审计、生态建设资金绩效审计、环保投资项目绩效审
计、环境管理系统绩效审计等，是环境审计促进生态文明建设的
重要手段。环境责任审计是对各地区、各政府部门、企业环境保
护责任履行情况的审计，通过审查相关部门保护环境、节约资源
的目标责任制和行政问责制等制度的执行情况，防止和纠正"先
污染，后治理""牺牲环境换取经济增长""重经济指标，轻环境
指标"的短视行为，推动生态文明建设与政治、经济、社会、文
化建设同步。

（5）要充分发挥政府环境审计在推动生态文明建设中的重要
作用，就必须加强对重大生态建设工程项目和特殊资源开发利用
项目的全过程跟踪审计。因为环境风险存在于项目建设的整个周
期，这就要求审计人员介入项目实施的各个阶段，对项目全过程

进行监控和全方位跟踪，通过审计预警，及时纠正发现的问题，从而防控环境风险，保障环境安全；加强对重要环境保护政策制定和执行过程的全过程跟踪审计，将政策措施的制定与贯彻落实情况紧密结合起来，及时发现环保政策措施不合理、不科学、不能适用于实际的问题和漏洞，进行修正和弥补，再将完善后的环保政策措施拿到实践中检验。环境审计的关口前移，可以从源头上把关，减少资源的浪费、环境的破坏，有利于促进生态文明建设。

# 第3章　甘孜州生态文明建设发展水平的测度

## 3.1　甘孜州生态文明建设发展概况

甘孜藏族自治州（简称甘孜州）位于四川省西部，是四川省面积最大的地级行政区，占地面积 $1.526\times10^5$ km²，州内长江上游流域面积占全州总面积的 98%，分属金沙江、雅砻江和大渡河三大水系，"两江一河"在甘孜境内年平均径流量为 $6.42\times10^{10}$ m³，水能可开发量为 $4.132\ 48\times10^7$ kW。甘孜州的森林覆盖率为 32.1%，是四川省最主要的天然林分布区；天然草原面积占甘孜州土地总面积的 61.7%，占川西北牧区草地总面积的 58%；州内还有湿地 8 880 km²。围绕优势资源开发，甘孜州初步形成绿色能源、生态旅游、优势矿产业、特色农牧业、中藏药业等特色产业竞相发展的格局，2012 年，实现地区生产总值 175 亿元。目前，甘孜州生态保护基础好，绿色能源和旅游资源丰富，具有发展绿色产业的坚实基础，但甘孜州经济发展水平低，各特色产业正处于跨越提升的初始阶段，迫切需要探索出一条具有民族地区特色的生态文明之路，以保障国家重要生态屏障安全，并促进甘孜州经济社会发展。

### 3.1.1 自然环境

1. 地理位置与行政区划

甘孜州位于四川省西部,青藏高原东南缘,东经 97°22′~102°29′,北纬 27°58′~34°20′,北邻甘孜藏族羌族自治州及青海省玉树藏族自治州,南接凉山彝族自治州及云南省迪庆藏族自治州,西沿金沙江与西藏自治区相望,东越二郎山与雅安地区相连,平均海拔 3 500 m。境内山势巍峨,江河滔滔,金沙江、雅砻江、大渡河纵贯全境。

甘孜州是四川省面积最大的地级行政区,也是四川最大的藏区,占四川省总面积的 31.5%。甘孜州辖康定、泸定、丹巴、九龙、雅江、道孚、炉霍、甘孜、新龙、德格、白玉、石渠、色达、理塘、巴塘、乡城、稻城、得荣 18 个县。

2. 地形地貌

甘孜州地处青藏高原向云贵高原和四川盆地的过渡地区,大地貌属横断山系北段、青藏高原部分之高山高原区。全州平均海拔3 500 m 以上,最高峰贡嘎山的海拔为7 556 m,最低点大渡河高出甘孜州水面海拔1 000 m,相对高差6 556 m。甘孜州的地貌基本特征为:地势高峻,北高南低,中部突出,东南缘深切,高低悬殊,山川平行相间,地域差异显著。

甘孜州的主要地貌类型有丘状高原、高山原、高山峡谷,三大类型均集中连片:①西北丘状高原区,包括石渠县、色达县、德格县的一部分,平均海拔 4 000 m 以上,占全州面积的 41.2%;②中部高山原区,分布在雅砻江上游的主要支流鲜水河、力邱河一带,包括甘孜、新龙、白玉、炉霍、道孚、雅江和康定、折多山以西地区,山体相对高差一般在 1 000~1 500 m,平均海拔3 500 m,占全州总面积的 28.3%;③东西部高山峡谷区,分布在丘原与山原的东、西、南三面,包括得荣、乡城、稻城、巴塘、雅江、九龙、丹巴、泸定等县，占全州总面积的 30.5%。

3. 地质构造与地震

甘孜州属于四川西部地槽区的一部分，基底为前震旦系变质岩，局部出露，下统为火山岩，上统为浅变质碳酸盐岩、砂板岩及火山碎屑岩。三叠系在甘孜州发育分布最广，在东西方向变化明显；西部巴塘义敦一带，中统为碎屑岩、泥质灰岩，上统为砾岩、灰岩、碎屑岩组合；中部雅江一带的地质以砂板岩为主，中下统夹有灰岩；北部为碎屑岩并含凝灰质岩，西部与西藏相邻带则多为砂板岩夹中基性火山岩。

甘孜州为康藏“歹”字形构造的一部分，地跨扬子准地台、巴颜喀拉-昆仑的槽皱系和“三江”地槽褶皱系三个一级地质构造单元，由四个不同性质的地块拼接而成，从东向西是康滇地轴、雅江冒地槽、义敦印支优地槽和“三江”一槽，并为后龙门-金河断裂、理塘-甘孜断裂和金沙江断裂等深大断裂所分割，从而形成复杂的地震地质构造。全区褶皱紧密，形成于三叠系末，断裂及活动性断裂较频繁，背、向斜交接形成规模巨大的正断层及逆断层，地震频繁。

4. 气候特征

甘孜州属高原型季风气候，地域差异显著。全州主要的气候特点是：气温低、长冬无夏、无霜期短、降水较少、干湿季分明。干季天气晴朗，气候干燥，多大风，降水少；雨季降水集中，占全年降水总量的 85% 以上，时段主要在每年 5 月至 10 月，这一时段多冰雹、雷电。全州常年日照时数为 1 900～2 000 h，大部分地区平均年日照时数超过 2 000 h，太阳辐射年总量在 6 000 MJ/m² 以上，是四川省光能最丰富的地区。

5. 河流水系及水文特征

甘孜州境内河流众多，遍布全州各地，除了北部地区的石渠

县边缘的宜牛乡、阿日扎乡一带有查曲河等支流源于此地，流长
90 km 汇入黄河水系外，其余河流全为长江水系，其流域面积占
全州总面积的 98％，分属金沙江、雅砻江和大渡河三大水系。
三大江河自西向东平行排列，由北向南纵贯州境的西部、中部和
东部，总长 1 739 km，流域面积达 $1.5 \times 10^5$ km$^2$（表 3-1），"两
江一河"甘孜境内年平均径流量为 $6.42 \times 10^{10}$ m$^3$。其中，流域
面积在 500 km$^2$ 以上的支流有 87 条，100～500 km$^2$ 的支流有 205
条，100 km$^2$ 以下的支流和溪河有千余条。它们均以降水补给为
主，还有冰川、永久积雪融冰、湖泊、沼泽水和地下水补充。

表 3-1　甘孜州境内三大江河水文特征

| 水系名称 | 境内流域面积（km$^2$） | 占州境河川总面积百分比（％） | 干流所在及流经县 | 境内河长（km） | 境内支流数量（条） | 年均径流总量（m$^3$） |
|---|---|---|---|---|---|---|
| 金沙江 | 44 000 | 28.76 | 石渠、德格、白玉、巴塘、得荣 | 650 | 36 | $1.72 \times 10^{10}$ |
| 雅砻江 | 82 000 | 53.60 | 石渠、德格、甘孜、新龙、雅江、康定、九龙 | 850 | 90 | $3.162 \times 10^{10}$ |
| 大渡河 | 24 000 | 14.44 | 丹巴、康定、泸定 | 239.3 | 29 | $1.538 \times 10^{10}$ |

6. 土壤

甘孜州土壤面积为 $1.424 \times 10^7$ km$^2$，占甘孜州总面积的
90％以上，其中耕作土壤为 $1.2 \times 10^5$ km$^2$，占甘孜州总面积的
0.77％；自然土壤为 $1.412 \times 10^7$ km$^2$，占甘孜州总面积的
90.71％。甘孜州土壤在地理分布上呈现地域性的差异和垂直带
谱。州境内共有高山草甸土、亚高山草甸土、高山寒漠土、暗棕
壤、棕壤和褐土 6 个土类，分别分布着草甸或灌丛草甸、亚高山
灌丛和亚高山草甸、高山流石滩稀疏植被、暗针叶林、针叶纯林

和针阔混交林、干旱河谷的刺灌丛。

7. 生态系统

甘孜州有森林、灌丛、草地、湿地、农田等各种生态系统类型，其中草地生态系统面积最大，其次是森林和灌丛生态系统，3 种生态系统类型的占地面积占甘孜州总面积的 90% 以上。此外，甘孜州湿地生态系统面积大，州内有高寒沼泽及高寒草甸湿地、河沿及林沿湿地、湖泊湿地等三大类湿地，总面积达 8 880 $km^2$，占甘孜州面积的 5.8%，甘孜州多样的生态系统也成为野生动植物的涵养之地。

## 3.1.2 经济发展

1. 国民经济概况

2015 年，甘孜州地区生产总值（GDP）达到 213.04 亿元，比上年增长 5.1%。其中，第一产业增加值为 54.41 亿元，比上年增长了 3.9%；第二产业增加值为 75.79 亿元，比上年增长了 4.7%；第三产业增加值为 82.84 亿元，比上年增长了 6.0%。全州致力于经济结构调整，产业结构和所有制结构发生明显变化，增长动力由工业带动向服务业带动转变，三大产业结构由 2014 年的 24.7：37.3：38 调整为 2015 年的 25.5：35.6：38.9。

2. 农牧业发展

2015 年，甘孜州的农、林、牧、渔业增加值达到 54.91 亿元，比上年增长了 3.9%。其中，农业增加值为 21.97 亿元，比上年增长了 5.6%；林业增加值为 2.52 亿元，比上年增长了 4.3%；畜牧业增加值为 29.88 亿元，比上年增长了 2.7%；渔业增加值为 0.04 亿元，比上年下降了 4.7%；农、林、牧、渔业服务业增加值为 0.50 亿元，比上年增长了 5.7%。

畜牧业生产稳步发展。畜牧业实施草原生态保护补助奖励机制政策，有效控制牲畜存栏、出栏率，减轻草场载畜，缓解草畜矛盾。2015 年，各类牲畜出栏 97.93 万头（只），比上年增长了 2.9%。其中，出栏肉用猪 22.83 万头，比上年增长了 0.5%；出售和自宰肉用牛 49.09 万头，比上年增长了 6.7%；出售和自宰肉用羊 26.04 万只，比上年下降了 1.7%。肉类总产量达到 66 696 t，比上年增长了 4.3%。其中，猪、牛、羊肉的产量为 66 450 t，比上年下降了 4.3%。其中，猪肉产量为 13 547 t，比上年增长了 1.0%；牛肉的产量为 48 772 t，比上年增长了 5.9%；羊肉的产量为 4 131 t，比上年减少了 2.4%。全年牛奶产量为 $1.017 \times 10^5$ t，比上年下降了 2.0%；禽蛋的产量为 349 t，比上年增长了 1.7%。

2015 年，甘孜州大力实施天然林资源保护工程，依法有效管护 47 515.4 km² 国有森林资源和 12 832 km² 集体公益林。落实集体公益林补偿，兑现集体公益林森林生态效益补偿资金 2.84 亿元。完成人工造林 3.33 km²、封山育林 23.33 km²、森林抚育 240 km²、低产低效林改造 46 km²，使森林覆盖率达到了 33.48%。按照"巩固成果、确保质量、完善政策、稳步推进"的要求，切实有效巩固退耕还林成果 835.33 km²；完成 2015 年巩固退耕还林成果后续产业专项建设基地建设 19.24 km²；有序实施巩固沙化土地治理面积 82km²。

3. 工业发展

围绕优势资源开发，甘孜州初步形成了水电、矿产两大支柱产业，中藏药、建材、农牧产品加工等特色产业竞相发展的格局。受经济下行压力持续加大，市场需求明显不足，生产价格指数（PPI）连续走低等因素影响，全州工业生产低位运行。2015 年实现工业增加值 44.69 亿元，比去年增长了 2.6%。其中，规模以上工业实现增加值 36.61 亿元，比去年增长了 1.8%；产销率达 99.7%。从企业效益看，50 户规模以上工业企业中有 19 户企业亏损，比上年增加了 4 户；规模以上工业主营业务收入为

52.60 亿元，比去年下降了 4.6％；利税总额为 13.33 亿元，比去年下降了 5.0％。

### 3.1.3　社会发展

1. 人口分布

2015 年，甘孜州总人口为 112.2 万人，其中农业人口有 84.81 万人，非农业人口仅有 27.39 万人，全州人口密度为 7.5 人/km²，属地广人稀地区。全年人口出生率为 10.48‰，人口死亡率为 4.31‰，人口自然增长率为 6.16‰。

2. 社会事业发展

（1）教育和科学技术。

2015 年，全州共有 972 所学校，在校生 177 642 人，中小学寄宿制学生 106 158 人，专任教师 10 594 人。其中，小学入学率为 99.35％，辍学率为 0.38％；初中毛入学率为 98.9％，辍学率为 0.29％；高中阶段净入学率为 50.11％。2009 年，四川省委、省政府在甘孜州大力实施"9＋3"免费教育计划，即藏族聚居区的孩子在当地完成 9 年义务教育后，再赴内地中职学校免费就读 3 年。2012 年，全州共有 4 856 名学生在内地免费就读"9＋3"中职学校；2009 级藏区"9＋3"毕业生就业率达 97％。

2015 年，全州应用技术研究开发项目 71 项，投入经费 400 万元；实施科技成果转化推广项目 20 项，通过科技成果转化推广项目实施，实现新增产值 4 500 万元；实施甘孜州科技型中小企业技术创新资金项目 17 项，安排科技创新项目成果转化补助经费 50 万元，各企业通过技术创新，实现年新增产值 7 553 余万元；争取落实省知识产权局专利实施项目 3 项，共 40 万元；争取省科技厅支持项目 16 项，投入资金 615 万元；组织培训 315 期，培训 13.1 万人次。

（2）文化、卫生和体育。

2015年，全州有国家级重点文物保护单位12处，省级文物保护单位60处，州级文物保护单位221处，县级文物保护单位869处；新申报全国重点文物保护单位28处，省级文物保护单位30处；成功申报非物质文化遗产项目1个，国家级非遗保护项目21个，省级非遗保护项目56个，州级非遗保护项目94个。

2015年，全州有艺术表演团体2个，文化馆19个，公共图书馆3个，文化站325个，博物馆5个。全州广播、电视综合覆盖率分别达到90.94％和90.41％。2012年，四川省青少年各项目锦标赛获得4枚金牌、13枚银牌、11枚铜牌、第四名至第八名19个，团体名次1个，"体育道德风尚奖"5个。

2015年末，全州有医疗卫生机构：2439个。其中，综合性医院（县以上）21个、民族医院（含中医）19个、疾控中心19个、卫生监督机构19个、妇幼保健院19个、乡镇卫生院334个、采供血机构3个、社区服务机构2个、其他机构1个、村卫生站（室）1981个；卫生人员总数5902人。

（3）人民生活和社会保障。

2015年，城镇新增就业7718人；城镇失业人员再就业885人。其中，就业困难人员再就业378人，扶持城镇新就业残疾人220人。城镇登记失业率为4.19％。

全州城镇居民基本医疗保险覆盖人群达80295人。新农合制度覆盖面继续保持在100％，参与农村合作医疗的比率达到97.63％。新型农村和城镇居民社会养老保险覆盖人数达350038人，其中参保缴费人数达29336人。

城市低保对象累计月人均补助212.28元，农村低保对象累计月人均补助89.96元。全年改（扩）建农村敬老院3所，新增床位230张。集中供养"五保"对象2232人，集中供养率28.74％。

# 3.2　甘孜州在国家安全中的战略地位

甘孜州位于长江上游，是内地与西藏政治经济文化交流的通道，生态区位重要、绿色能源丰富、少数民族聚居，在国家生态安全和民族和谐中具有重要的地位。

## 3.2.1　国家重要生态屏障

甘孜州是国家重要的生态屏障。在国家构建"两屏三带"生态安全格局中，它是全国黄土高原－川滇生态屏障的重要组成部分；在《全国生态功能区划》中，甘孜州 5 县位于横断山南部生物多样性保护重要区；《全国主体功能区规划》中，甘孜州 18 个县均位于"川滇森林及生物多样性生态功能区"。其重要性主要体现在它是长江上游重要水源涵养与水质保障区，以及西部生物多样性资源库。在国家生态安全格局中具有举足轻重的地位。

1. 长江重要水源涵养与水质保障区

甘孜州孕育了金沙江、雅砻江、大渡河等众多河流及大量的湖泊、湿地，占长江流域面积的 8.5％，占长江上游流域面积的 15％；出境水量 $1.088 \times 10^{11}$ m³，占长江上游径流总量的 14.27％（见表 3-2）。

甘孜州广阔的森林、草地、湿地是长江上游水源涵养、水质保障的生态屏障，全州森林覆盖率为 32.1％，是四川省最主要的天然林分布区；甘孜州天然草原面积占甘孜州土地总面积的 61.7％，占川西北牧区草地总面积的 58％，占全省草地总面积的 46.5％。保护好甘孜州的生态环境对于保障长江流域生态安全具有重要意义。

表 3-2　甘孜州"两江一河"水源涵养功能统计表

| 河流 | 占长江上游流域面积比例（%） | 占长江上游河长的比例（%） | 占长江上游径流总量比例（%） | 出境水量（$m^3$） |
|---|---|---|---|---|
| 金沙江 | 4.40 | 14.43 | 3.82 | $3.784 \times 10^{10}$ |
| 雅砻江 | 8.20 | 18.87 | 7.03 | $4.415 \times 10^{10}$ |
| 大渡河 | 2.40 | 5.31 | 3.42 | $2.681 \times 10^{10}$ |
| 总计 | 15 | 38.62 | 14.27 | $1.088 \times 10^{11}$ |

2. 西部生物多样性资源库

甘孜州境内生物种类丰富多样。全州 4 251 种已知高等植物中，国家珍稀濒危植物 38 种，国家重点保护植物 35 种。其中，国家一级保护植物 9 种，国家二级重点保护植物 26 种。

全州有野生动物 491 种。其中，国家重点保护动物有 98 种（其中，国家一级保护动物 22 种，包括大熊猫、川金丝猴、白唇鹿、藏野驴、野牦牛、藏羚羊、中华秋沙鸭、黑颈鹤、雉鹑等，国家二级保护动物有 76 种），占全国国家重点保护品种的 24%，占四川省重点保护品种的 61%。

甘孜州辖域内建有各类自然保护区 55 个，自然保护区总面积达 47 500 $km^2$，占全州总面积的 31.2%，是我国生物多样性保护关键区域之一。

## 3.2.2　国家绿色能源基地

甘孜州水能、太阳能、风能和地热等绿色能源丰富，金沙江、雅砻江和大渡河纵贯甘孜州全境，称为四川的三大"水电富矿"，是国家"西电东送"的重要水电电源基地。金沙江、雅砻江和大渡河水能资源技术可开发量达 $4.132\ 48 \times 10^7$ kW（见表3-3），约占四川省的三分之一，在全国市州位列第三位。甘孜州太阳能资源理论可开发总量约 $5.6 \times 10^7$ kW，技术可开发量约 $1.12 \times 10^7$ kW。此外，风能资源可开发量约 $1 \times 10^7$ kW。地热资源也十分丰富，已发现热矿泉产地 249 处，占四川省温泉出露的 2/3 以上，以中高温温泉为主，具有广阔的开发利用前景。甘孜州具备成为国家重要绿色能源基地的资源优势。

表 3-3 甘孜州水能资源

| 水系名称 | 境内河长（km） | 天然落差（m） | 比降（‰） | 技术可开发容量（kW） | 技术可开发年发电量（kW·h） |
|---|---|---|---|---|---|
| 金沙江 | 650 | 1 200 | 2.15 | $1.089\,48 \times 10^7$ | $4.902\,7 \times 10^{10}$ |
| 雅砻江 | 850 | 2 520 | 2.30 | $1.639\,71 \times 10^7$ | $7.401\,6 \times 10^{10}$ |
| 大渡河 | 239.3 | 1 100 | 5.77 | $1.403\,29 \times 10^7$ | $6.291\,9 \times 10^{10}$ |
| 总 计 | 1 739.3 | — | — | $4.132\,48 \times 10^7$ | $1.859\,62 \times 10^{11}$ |

### 3.2.3 维护国家安定与民族和谐的重点地区

甘孜州区地处川、滇、青、藏四省六地的结合部，是四川省三个民族自治州之一。全州 112.2 万常住人口中，藏族有 85.49 万人，占全州人口的 78.30%，占全国藏族总人口 13.36%。甘孜州是四川第一、全国第二大藏族聚居区。

甘孜州是汉藏文化的交融区，是沟通西藏与内地、联系汉藏民族政治经济文化的桥梁，州内川藏 318、317 国道线是青藏高原大动脉和连接大西南、大西北的纽带，是内地陆路进藏的最重要通道。

在甘孜州开展国家生态文明先行示范区建设，加快甘孜州经济发展、提高人民生活水平、保护生态环境、促进人与自然和谐，对于巩固我国西南稳定、保证藏区长治久安、维护民族团结具有重要的现实意义。

# 3.3 生态文明建设优势与面临的挑战

甘孜州自然资源丰富，生态保护和绿色产业发展基础好，民族文化厚重，州委、州政府高度重视生态文明建设，为甘孜州生态文明建设奠定了良好的基础。但甘孜州建设生态文明面临着生态环境保护治理任务重、经济社会发展水平滞后、基础设施和监管能力薄弱等挑战，需要在生态文明建设中逐步加以解决。

## 3.3.1 生态文明内涵

文明是指人类所创造的物质和精神财富的总和。生态文明是人类以环境资源承载力为基础、以人与自然协调发展作为行为准则，以实现人与自然和谐共处为目标，发展形成的符合自然生态规律的价值观、社会机制、生产方式和生活方式的成果的总和。建设生态文明是人类应对资源危机和生态环境危机在生产和文化发展模式上所做的反省，是人类社会继原始文明、农业文明和工业文明后进行的一次新选择。

生态文明的核心是人与自然和谐共处、协调发展。生态文明建设通过调整和改变人的价值观念、生产方式和生活方式，保护生态环境。

（1）生产方式上，以生态环境承载力为基础，以资源可持续发展为前提，通过技术创新和科学的管理机制，充分发挥资源生产潜力，促进资源的高效和可持续利用。

（2）生活方式上，以满足自身需要又不损害自然环境为目标，践行资源节约、保护环境、科学适度的可持续消费。

（3）生态环境上，保护生态环境，保障生态系统产品和服务持续供给，具有支撑经济社会可持续发展的能力。

（4）价值观念上，培育人与自然和谐共处、共同进化的价值

观、规范和目标，生态意识、生态道德、生态文化成为具有广泛
基础的文化意识。

（5）机制体制上：建立促进与自然协调发展的激励机制、保
护生态环境的约束机制，以及相应的政策法规体系。完善符合生
态文明要求的目标体系、社会评价体系和奖惩机制。

甘孜州生态文明建设就是要通过优化土地空间格局，发展生
态产业，推进生态建设，增进人民福祉和促进民族团结，完善生
态文明约束机制，建立与自然和谐共处的发展模式和生态文化体
系，将甘孜州建设成为我国重要生态屏障区、我国重要绿色能源
基地和世界级的旅游目的地。经过近 20 年的努力，使甘孜州初
步实现经济发展、人民富裕、民族和谐、生态良好的目标，成为
全国生态文明建设示范区。

## 3.3.2　生态文明建设的机遇

生态文明建设是落实科学发展观的重要内容、实施可持续发
展的战略保障和全面建设小康社会的内在需要，也是构建社会主
义和谐社会的重要条件。甘孜州思发展、谋跨越、奔富裕、求和
谐的愿望十分迫切。国家高度重视生态文明建设，中央深入推进
西部大开发战略，以及国家与四川省推进藏区社会经济跨越发展
等重大决策与部署，为甘孜州的生态文明建设提供了前所未有的
机遇。

1. 国家高度重视生态文明建设

党的十八大报告明确提出"必须树立尊重自然、顺应自然、
保护自然的生态文明理念，把生态文明建设放在突出地位，融入
经济建设、政治建设、文化建设、社会建设各方面和全过程，努
力建设美丽中国，实现中华民族永续发展"，要求"坚持节约资
源和保护环境的基本国策，坚持节约优先、保护优先、自然恢复
为主的方针，着力推进绿色发展、循环发展、低碳发展，形成节

约资源和保护环境的空间格局、产业结构、生产方式、生活方式，从源头上扭转生态环境恶化趋势，为人民创造良好生产生活环境，为全球生态安全做出贡献"。

党的十八大报告首次在独立篇章里系统地提出了大力推进生态文明建设的总体要求，把生态文明建设纳入社会主义现代化建设总体布局，把生态文明建设摆在"五位一体"的高度来论述。国家对推进生态文明建设的高度重视为甘孜州加强生态文明建设提供了机遇。

2. 国家深入推进西部大开发战略

国家加快转变经济发展方式的同时，更加注重发挥西部在区域协调发展以及在扩大内需方面的重要作用。我国政府已明确启动和深入推进西部大开发战略，并将进一步加大对西部基础设施、资源开发、特色产业、生态建设和民生改善等领域的重点支持，进一步加快西部民族地区、革命老区和贫困地区的建设和发展。这些为地处西部少数民族地区的甘孜州加快生态文明建设和跨越发展创造了更为有利的宏观政策环境和资源保障。

3. 国家及四川省加快藏区发展部署

国务院在第五次西藏工作座谈会上，明确了藏区与全国同步实现全面建设小康社会的目标，并对加快藏区发展做出了重大部署，推出了加快藏区发展的一系列政策措施和重大项目，为藏区发展创造了千载难逢的历史机遇。四川省委、省政府提出了藏区工作的主要任务，制定了一系列切实有效的扶持政策措施，为甘孜州加快发展创造了有利条件。甘孜州的生态能源、文化旅游等特色产业在四川省生产力布局中优势突出，未来在经济社会发展上获得的扶持力度必将逐步增强。

### 3.3.3 生态文明建设的优势

甘孜州区位功能独特、自然资源丰富、生态环境良好、生态

建设力度大、传统文化积淀深厚，这些优势既是甘孜州生态文明
建设的坚实基础，又为甘孜州创建生态文明示范区创造了条件。

1. 区位功能独特

甘孜州是国家重要的生态安全屏障和绿色能源基地，也是国
家维护社会安定、民族和谐的重要区域。在国家生态安全和民族
和谐中具有重要的战略地位。

甘孜州还处于东部发达地区与西部欠发达地区的过渡带，州
内川藏 318、317 国道线是青藏高原的"大动脉"和连接大西南、
大西北的纽带，是内地陆路进藏的重要通道，在西部大开发中可
以成为成都平原经济圈向西拓展的接力区和产业竞争优势的增
长区。

2. 生态保护基础好

甘孜州建有自然保护区 55 个、国家级与省级风景名胜区 5
个、国家和省级森林公园 5 个、国家级地质公园 2 个，总面积
$5.19 \times 10^4$ km²，占全州总面积的 34.01%。其中，自然保护区面
积为 $4.75 \times 10^4$ km²，占全州总面积的 31.1%。目前，甘孜州初
步形成了类型较齐全、分布较合理的自然保护区网络，保护区面
积和数量全省第一。

甘孜州的森林、草地、湿地面积大，生物多样性丰富。全州
森林覆盖率为 32.1%，为四川省重点原始林区之一。天然草场
面积占全州总面积的 61.7%。州内有高寒沼泽及高寒草甸湿地、
河沿及林沿湿地、湖泊湿地等三大类湿地，总面积达 8 880 km²，
占甘孜州面积的 5.8%。甘孜州是我国自然生态最完整、气候垂
直带谱与动植物资源垂直分布最多的地区之一，也是我国重要的
天然物种基因库，生物多样性丰富。

甘孜州水环境和大气环境优良，"两江一河"等主要干、支
流的水质得到较好控制，水中的化学需氧量（COD）和 NH3－N
排放量均达到国家标准；主要河流和水库水质达到水环境功能区

标准。

3. 自然资源丰富，旅游资源独特

甘孜州地质环境多样，气候带谱完整，地处长江上游生态屏障的核心地带，独特的地理环境和气候条件给甘孜州提供了丰富的土地资源、矿产资源、动植物资源、能源资源和旅游资源等（见表3-4）。

表3-4    资源类型及现状描述

| 资源类型 | 现状描述 |
|---|---|
| 土地资源 | 甘孜州天然草场面积占总面积的 61.7%，是全国 5 大牧区之一的川西北牧区的重要组成部分。甘孜州的森林覆盖率为 32.1%，是四川省最主要的天然林分布区。 |
| 矿产资源 | 初步探明超大型和大型矿床 30 余处，中型矿床 40 余处，小型矿床近百处，其中包括亚洲第一大矿——康定呷基卡锂辉矿，"西南三颗明珠"之一的白玉呷村银多金属矿；已探明的黄金、白银、锂、铂、镍、铅、锌等 13 种矿产资源储量名列全省第一。 |
| 动植物资源 | 有大熊猫、金丝猴等 30 多种珍稀动物，虫草、贝母等植物药材，松茸、白菌、花椒、核桃、雪山大豆等农副土特产品。列入《国家级畜禽遗传资源保护名录》的有九龙牦牛、藏猪、藏鸡、藏马、白玉黑山羊、甘孜藏黄牛，列入《四川省畜禽遗传资源保护名录》的有九龙牦牛、藏绵羊、藏山羊、藏猪、藏鸡、藏马。 |
| 能源资源 | 水能资源理论蕴藏量超过 $5 \times 10^7$ kW，技术可开发量达 $4.132\,48 \times 10^7$ kW，约占四川省的三分之一，在全国市州一级列第三位。太阳能资源理论可开发总量约 $5.6 \times 10^7$ kW，技术可开发量约 $1.12 \times 10^7$ kW。风能资源可开发量约 $1 \times 10^7$ kW，中高温地热资源丰富。 |

| 资源类型 | 现状描述 |
|---|---|
| 旅游资源 | 有国家风景名胜区和国家 AAAA 级旅游区贡嘎山海螺沟，木格措，稻城亚丁；有贡嘎山、察青松多、海子山、亚丁、长沙贡玛等 6 处国家级自然保护区；有德格印经院等国家级文物保护单位 2 处，康定塔公寺等省级文物保护单位 6 处，德格阿须乡的格萨尔故里等州级文物保护单位 52 处，形成了独特的高原自然生态和康巴文化旅游区。 |

甘孜州作为大香格里拉旅游核心区，旅游资源极其丰富，有丰富的自然与人文景观和历史文化遗产、非物质文化资源，如南派藏医药文化、格萨尔文化等，这些丰富的旅游资源决定了甘孜州在大香格里拉旅游圈中具有举足轻重的地位。

4. 绿色产业发展基础好

甘孜州具有发展绿色产业的资源优势。甘孜州绿色能源丰富，水能资源、太阳能资源和风能资源的技术可开发量分别达 $4.132\,48\times10^7\,kW$、$1.12\times10^7\,kW$ 和 $1\times10^7\,kW$，中高温地热资源也十分丰富，已发现热矿泉产地 249 处，占四川省温泉出露的 2/3 以上，且以中高温温泉为主；甘孜州有 3 处国家风景名胜区和国家 AAAA 级旅游区、6 个国家级自然保护区、2 处国家级文物保护单位等（表 3—1），这些资源为甘孜州发展绿色能源、生态旅游等绿色产业奠定了坚实的基础。

甘孜州已经形成了良好的绿色产业发展势头。依托甘孜州丰富的生态、资源优势，目前甘孜州重点发展了以下环境污染较小、经济高效的优势产业：绿色能源产业、生态旅游业、优势矿产业、特色农牧业、中藏药业、文化产业等，这些产业的顺利发展为甘孜州进一步提升绿色产业创造了条件。此外，甘孜州委州政府高度重视绿色产业发展，针对上述优势产业，确定了"一优先、二有序、三加快"的产业发展思路和以全域旅游统筹经济社会发展的发展战略，为培育壮大绿色产业、着力推进低碳发展奠定了良好的基础。

### 5. 民族文化厚重

甘孜州的德格与西藏拉萨、甘南夏河被称为藏区的三大古文化中心，是藏文化的发祥地之一。藏传佛教要求人们善待一切生灵、尊重所有生命、尊重大自然。这种尊重生命、热爱自然的理念蕴含着人与自然和谐共处的思想，挖掘和弘扬这些朴素的自然观既有利于甘孜州生态环境保护，也有利于优秀传统文化的传承和民族和谐。

甘孜州是以藏族为主体民族的地级行政区，古朴厚重的民俗风情，流派纷呈的藏戏，风格各异的锅庄、弦子和踢踏舞蹈，独树一帜的藏族绘画和雕塑，具有浓郁民族文化特色的丹巴甲居藏寨，格萨尔文化遗迹，德格印经院和石渠经墙等人文景观，以及独特的高原自然生态环境，为甘孜州生态旅游业的发展奠定了基础。

## 3.3.4 生态文明建设取得初步进展

通过一系列生态保护与建设工程的实施，甘孜州在自然保护区建设、森林保护与恢复、草地保护与恢复、退化生态系统治理、环保基础设施和监测体系建设、生态创建工作等方面取得显著成效，主要体现在：

### 1. 发展方式和理念转变

党的十八大召开后，州委、州政府审时度势，围绕生态文明建设和生态产业体系培育，对甘孜州的情况进行再审视、再认识，在州委十届四次全委（扩大）会议上，做出了《关于建设美丽生态和谐幸福新甘孜的决定》；提出了《关于建设美丽生态和谐幸福新甘孜的意见》；确立了"生态立州、产业强州、科教兴州、依法治州、和善安州"的发展战略；制定了优先发展旅游业，有序发展能源业、矿产业，加快发展高原特色现代农牧业、特色文化业和特色中藏医药业的"一优先、二有序、三加快"产业发展思路；明确了建设"美丽生态和谐幸福新甘孜"的发展目标。同时，通过各种形式的教育，使生态文明思想理念渗透到人们的意识和行为中。"绿色生态是甘孜州最大的财富，必须保护好，并使其增值"的共识正在形成，"生态立州、绿色发展"的意识日趋增强。2013 年，州委、州政府进一步提出了《关于大力加强生态文明建设的意见》：甘孜州委、州政府发展方式和理念的绿色提升，是开展生态文明建设的前提和基础。

2. 自然保护区数量和面积明显增加

甘孜州共有各类自然保护区 55 个。其中，国家级自然保护区 6 个（其中亚丁国家级自然保护区被列为"世界人与生物圈保护区网络"），省级自然保护区 16 个，州级自然保护区 6 个，县级自然保护区 27 个。甘孜州初步形成了类型比较齐全、分布比较合理的自然保护区网络，保护区面积和数量位列全省第一。

3. 森林面积和质量不断提升

全州天保工程公益林建设 1530.58 万亩（其中，人工造林 263.21 万亩、飞播造林 155.91 万亩、封山育林 850.19 万亩、森林抚育 261.4 万亩）。完成退耕还林 80.3 万亩，配套荒山造林 32 万亩。森林蓄积从 $3.41 \times 10^8$ m³ 增加到 $4.79 \times 10^8$ m³，净增 $1.38 \times 10^8$ m³，增长 40.5%；森林覆盖率由 20 世纪 80 年代后期的 8% 提高到 32.1%，实现了森林面积、森林蓄积、森林覆盖率"三个同步大幅增长"。

4. 草原放牧压力不断减小

2012 年全州天然草原植被平均盖率为 74%，较 2011 年提高了 5 个百分点，生物产量达到 251.1 公斤/亩，较 2011 年提高了 13%，完成草食牲畜出栏减畜 407 万羊单位，草原牲畜超载率从政策实施前的 54% 降到 22%，极大地缓解了草原超载放牧的现象。

5. 退化生态系统治理成效明显

开展防沙治沙工程建设，治理沙漠化土地 20 多万亩；据监测，退牧还草工程区植被盖度平均比非工程区提高了 8.7%，高度提高了 33.8%，产量提高了 30.7%；通过工程措施以及植物措施的辅助，小流域治理工程区生态环境得到了明显改善，取得了一定的社会和生态效益。

6. 生态创建和环境监管体系建设初见成效

截至 2015 年，甘孜州内创建了 2 个省级生态乡镇和 20 个生态村、200 个生态家园、6 个生态小区、8 个绿色学校；完成 2 个城市大气自动监测站、海螺沟国家背景监测站的建设；在全州 18 县开展了国家重点生态功能区县域生态环境质量考核监测工作；完成了基本农田区和重点企业的土壤监测工作，以及全州 91 个点位的土地覆盖核查工作。

### 3.3.5 生态文明建设面临的问题

尽管甘孜州生态文明建设条件优越，但在生态文明建设过程中面临着生态环境脆弱、经济发展水平落后、基础设施建设和社会事业发展滞后、机制体制不完善等问题。

1. 生态环境脆弱，保护治理任务重

甘孜州山高坡陡、沟壑纵横、气候条件恶劣，生态环境脆弱，地质灾害频繁。受自然和人为因素影响，甘孜州生态系统退化严重，治理任务重。首先，草地退化严重。全州 1.25 亿亩可利用草地中，90% 以上存在不同程度的退化，退化、沙化、石砾化的"三化"草地面积达 9 776 万亩，占可利用草地面积的 78%；有鼠荒地（黑土滩）约 1 000 万亩，鼠虫害草地平均每年以 235 万亩的速度扩展，毒草危害面积不断扩大。其次，水土流失严重、地质灾害频发。全州已查明的地质灾害隐患点达 3 187 处，且分布广、突发性强、威胁大、发生频率高，严重威胁着全州 28 万余人的生命安全，威胁财产达 140 亿元。据统计，近 11 年来，甘孜州共发生滑坡、崩塌、泥石流等地质灾害 1 000 余起。其中，较大规模的有 335 起，造成 164 人死亡、38 人失踪、268 人受伤，直接经济损失达 10 多亿元，造成巨大的人员伤亡和财产损失。再次，森林和湿地生态功能退化。因长期采伐，森林结构单一，土壤保持、水源涵养等生态功能不强，湿地也呈现出"沼泽－沼泽化草甸－草甸－沙化地－荒漠"退化趋势。最后，生物多样性受到威胁。水电资源开发、交通网络建设，以及生态系统退化，导致牛羚、马鹿、白唇鹿、黑颈鹤、高寒水韭等珍稀野生动植物的生存、生长环境遭到破坏，生物多样性受到威胁。

2. 经济发展水平落后，同步小康压力大

甘孜州的经济呈现出"增幅高、总量小，投入大、产出低"的发展现状。甘孜州 2015 年全年生产总值在全国 30 个自治州中排在第 22 位，而在四川省的 21 个市、州中则处于最后一位。全州人均国内生产总值仅为四川省平均水平的 52.8%。

2015 年，甘孜州农牧民人均纯收入为 4 610 元，远低于四川省地州的平均水平（7 207 元），也低于全国民族自治州的平均水平（5 403 元）和全国藏族自治州的平均水平（5 360 元）。农村贫困面广且返贫现象普遍发生。如何巩固扶贫成果，优化农村产业结构，促进农民增收致富，实现同步小康，是甘孜州建设国家生态文明先行示范区面临的重大挑战。

3. 基础设施建设任务重，社会事业发展滞后

（1）甘孜州基础设施建设任务重，主要体现在 4 个方面：第一，路网密度低，交通落后。甘孜州公路网密度约为全省平均水平的四分之一，路面铺装公路仅占公路总里程的 6.07%。第二，城市化水平低，基础设施落后。甘孜州城镇化率仅为 24.42%，县城无供气管道和供热设施，城镇污水处理厂仅 4 个，垃圾处理

厂16个。第三，电网建设滞后，农村用电保障难。甘孜州地方电网孤网运行的局面没有得到根本改观，许多农牧区无电网覆盖，农牧民用电保障难。第四，水文水资源监控能力建设滞后，防洪减灾预警能力不足。

（2）甘孜州社会事业发展滞后，主要体现在4个方面：第一，教育落后，人才缺乏。2015年甘孜州主要劳动力年龄人口的平均受教育年限为5.7年，远低于全国平均水平的9.5年。甘孜州现有人才只占人口总量的8.07%，低于民族地区的平均水平。经营管理、技能型、农村实用型等人才严重不足。第二，社会保障统筹层次低，覆盖范围小。目前实施的养老、失业、医疗、工伤、生育、新农保6个险种，除企业养老保险、失业保险、工伤保险、居民医疗保险实施州级统筹外，其余的险种尚未实行州级统筹。

4. 体制机制不完善，监管能力薄弱

甘孜州生态文明建设机制体制尚不健全。第一，约束机制有待完善。甘孜州需要制定和完善符合国家生态屏障要求，和不同生态功能区管护要求的产业发展、资源开发和环境准入等方面的管理办法与条例。第二，考核制度尚不健全。甘孜州需要进一步完善生态建设跟踪评估制度与考核办法、责任追究制度。第三，长效机制急需完善。甘孜州需要建立跨区域、流域的横向利益平衡协调和补偿机制、互惠共赢的水电资源开发长效模式。此外，甘孜州生态环境监管、监测和执法监督体系不够完善，监管能力较为薄弱。

# 第4章 环境审计参与甘孜州生态 文明建设的运行机制研究

鉴于甘孜州自身的生态文明现状，我们试图将甘孜州的环境治理看作一个复杂系统，将环境审计作为一种规制手段，利用复杂适应系统的刺激——反应模型以及主体的适应性和学习行为，探索适合我国国情的甘孜州环境审计治理模式与生态文明建设发展之路。本章将从动力机制、预警机制和调控机制三个方面去分析环境审计的作用机理，并借此探索甘孜州生态文明建设运行机制的作用路径。

## 4.1 生态文明建设运行机制的作用要素构成

文献资料表明，生态文明建设运行机制主要受生态环境系统、经济产业因素、政治因素、社会条件与文化模式等影响。

### 4.1.1 生态环境系统

生态环境系统是泛指所有的自然资源系统和自然环境系统复合而成的统一整体，这也自然成了生态文明建设的根本基础。生态环境系统决定着生态文明建设的类型，即包括生态环境系统的完整和生态环境系统的变迁。生态环境系统的完整状况决定了为生态文明建设提供的物质条件状况；而生态环境系统的变迁，不仅是自然类型的变迁，而且从根本上改变了附着于其上的经济文化类型，继而导致生态文明类型最终的变迁结果。因此，如何有效维护甘孜州的生态环境系统，已成为影响生态文明建设运行机制的核心因素。

## 4.1.2 经济产业因素

物质生产的目的是为了解决人与自然的关系，为创造物质生活资料而展开的生产活动，是所有社会与文明的生存和发展的基础。生态文明的物质生产就是进行生态产业的建设，生态产业因素从产业结构和产业发展水平两个方面决定了经济发展的质量和速度，进而决定了生态文明建设的物质基础。因此，甘孜州的生态产业因素基于其固有的物质基础，影响和控制着整个生态文明建设运行机制。

## 4.1.3 政治因素

生态政治文明是指一种进步的政治文明形态，其具体包括生态制度与生态管理两大内容。在我国社会主义初级阶段，生态政治文明在整个生态文明建设过程中，占据着极其重要的地位并起到至关重要的作用，这是中国特色社会主义政治体制和特殊国情、发展阶段所决定的，也是容易被忽略的关键环节。按照对生态文明的概念理解，我们所指的政治因素是特指不带有阶级性质的特征，只是作为生态文明建设的影响因素而存在，并且作为上层建筑引领甘孜州生态文明建设过程的基本归因要素。

## 4.1.4 社会条件与文化模式

甘孜州生态文明建设的社会条件主要是指约束和规范人类生产、生活过程中所有经济、社会文化的一种行为方式。显然，稳定、团结、和谐的社会条件，十分有利于加快推进该地区的生态文明建设；相反战乱连绵的社会环境则加剧恶化生态文明成果。

我国是一个多民族国家，各民族地区之间的文化略有不同，故基于生态系统而形成了不同的文化体系，这就是文化模式。既有的文化模式在一个地区社会发展中有先决作用，它作为一定社会人群代代相传的观念和行为模式，构成了其全部活动的社会人文基础，规定了一个社会的特质和它的发展方式。文化根植于人类的生存方式中，文化的变迁从内容和形式上带动了社会变迁，因此，文化变迁是社会变迁的真正内核；文化模式重构，将大大有效地调动其中的各层次积极因素，协调推进生态文明建设。本书在讨论文化模式时，只专注于对甘孜州文化模式进行分析研究。

## 4.2　基于复杂适应系统的甘孜州环境审计治理

### 4.2.1　复杂适应系统概述

复杂适应系统（Complex Adaptive System，以下简称 CAS）理论，是美国霍兰（John Holland）教授于 1994 年在圣塔菲（SFI）研究所成立十周年时正式提出的。该理论的核心思想是适应性造就复杂性，即 CAS 的复杂性起源于个体的适应性，由此可见，复杂适应系统更加强调复杂性的一个侧面——适应性。所谓具有适应性，是指单个主体能够与环境及其他主体进行交流，在这种交流的过程中"学习"或"积累经验"，并根据经验改变其结构和行为方式①。

CAS 理论的提出对于人们认识、理解、控制和管理复杂系统提供了新的思路。在微观方面，CAS 理论最基本的概念是具

---

① 李士勇. 非线性科学与复杂性科学 [M]. 哈尔滨：哈尔滨工业大学出版社，2006.

有适应能力的、主动的个体，简称主体。这种主体在与环境的交互作用中遵循一般的刺激—反应模型，表现在它能够根据行为的效果修改自己的行为规则，以便更好地在客观环境中生存。在宏观方面，由这样的主体组成的系统，将在主体之间以及主体与环境的相互作用中发展，表现出宏观系统中的分化、涌现等种种复杂的演化过程。

## 4.2.2 甘孜州环境审计治理的复杂适应系统机制

环境审计作用于甘孜州的生态文明建设，首先需要适应甘孜州的现况，即标识机制；其次需要构建自身的内部模型机制；最后还需要形成灵活的积木机制，具体如图 4-1 所示。

1. 标识机制

标识机制，指主体之间的聚集行为并非任意的，在聚集体形成的过程中，始终有标识机制在起作用。当前生态文明建设普遍存在着条块分割、各为其利、各自为战的局面，各区之间缺乏统一部署与综合管理的时候，治理显得尤为困难。按照区域经济学理论，政府之间应该打破传统的区域层级观念，建立强调权力或资源相互依赖、开放和合作的新地方主义和一种健康和谐的公共组织关系①。这种新的政府间关系意味着实施监管、评估思维的变革，它不仅指横向的同级地方政府间的合作关系，还泛指上下级地方政府间，以及政府与非政府组织的合作关系。环境审计作用于生态文明建设治理中复杂适应系统的标识是：主体从生态文明建设中获得了直接或间接的收益，按照权利义务对等原则，主体应当对该区域的治理和生态环境改善负责任。

---

① 陈瑞莲. 区域公共管理导论 [M]. 北京：中国社会科学出版社，2006.

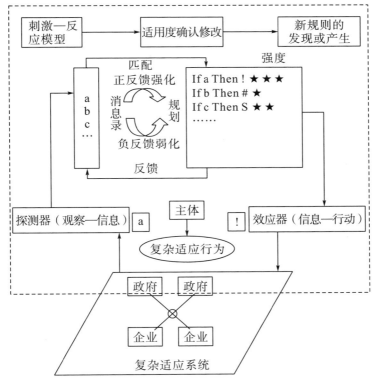

**图 4-1　复杂适应系统 CAS 标识图**

2. 内部模型机制

内部模型机制,指内部模型是主体在适应过程中建立起来的,主体在接受外部刺激,做出适应性反应的过程中,能合理调整自身内部的结构。具体地说,面临内外部环境审计参与治理机制所发布的生态文明建设治理的刺激因素,跨区域、多中心的主体会根据战略目标和拥有的人、财、物、信息,以及运行机制和制度情况,选择适当的区域治理响应模式,来安排其内部资源的配置方式和运行方式,必要时通过改变其内部结构规则来适应新形势的要求。

3. 积木机制

基于规则的主体不可能事先准备好一个规则，使它能够适应所遇到的每一种情况，所以主体通过组合已检验的规则来描述新的情况，那些用于可供组合的活动规则就是"积木"，意指灵活多变。使用"积木"生成内部模型，是复杂适应系统的一个普遍特征。所以我们认为，主体在面临环境变迁时，需要适时调整和改变的战略、文化、制度、流程、技术等要素，都是关于环境审计作用于生态文明建设治理运行复杂适应系统中的"积木"。

## 4.2.3 环境审计在甘孜州生态文明建设中的实现机制

在复杂适应系统理论里，主体与环境之间不断地相互作用，主体根据一定的规则对环境的刺激做出反应。这些规则以所谓"染色体"的方式存放在个体内部，它们在一定的条件下被选中并且被应用，这种选择既有确定性的方面（按一定的条件挑选），也有随机性的方面（按一定的概率选择），即刺激—反应模型。刺激—反应模型是用来描述不同性能的适应性主体的统一方式，它说明了主体在不同时刻对环境的反应能力。具体而言，完成这个实现机制的模型主要包括三个部分：一个探测器集合，If—Then 规则集合和一个效应器集合（图 4-1 所示）。刺激—反应模型的基本原理是：主体将探测器探测到的消息与规则集进行匹配，发现匹配的规则后可以直接激活效应器产生行动或激活另一个相匹配的规则，这一过程可以是一个循环的链式反应过程，为了对规则进行比较和选择，需要把假设的信用程度定量化，给每一个规则分派一个特定的数字，称为强度或适应度，修改强度的过程称为信用分配，信用分配实际上是向系统提供评价和比较规则的机制。主体执行上述探测—匹配—激活的反应过程也可以是并行的①，即主体的多个规则同时参与刺激反应活动。这种"刺激→反应→检查效果→修改适应函数"的过程，多次反复进行，符合环境的"染色体"被复制遗传，不符合环境的"染色体"被淘汰放弃，并随着时间推移趋于消亡。主动个体之间的相互作用同样遵循着刺激—反应模型，从而发展出吸引、排斥、资源交换、复制、结合等复杂的相互关系，形成新规则的"积木"，进而产生分工、分化，直到形成更高一层的主动个体，并导致整个系统结构的突变。

以环境审计作为规制手段，在甘孜州生态文明建设治理响应的复杂适应系统中，要生成主体主动履行生态文明建设治理的适应性和学习行为，并递延遗传，需要两个方面的交互作用。首先，通过环境政策审计（专项审计调查）对生态文明建设政策的合法性、有效性开展审计，提出优化、完善现有生态文明建设政策的建议，形成生态文明建设治理绩效与主体生存发展具有正相关关系，主体追求政治绩效或财务绩效，与承担生态文明建设的责任并不矛盾的外部刺激。这一刺激因素被主体的探测器采集，主体根据 If－Then 适用规则选择行动，反过来通过效应器作用于系统，并获得"胡萝卜"性质的正反馈或"大棒"性质的负反馈，目的是使越来越多的主体意识到：主体的长期利益依赖于环境的可持续发展，生态文明建设治理增加的并不仅仅是成本，而是未来的收益。

其次，主体在学习基础上产生适应性行为，利用积木机制，组合战略、文化、制度、流程和技术形成生态文明建设治理机制的新规则。新规则被作为一种主体标识固定下来，通过"染色体"复制和非线性作用，成为代表了整个系统的共同基因，在

---

①　陆园园，薛镭. 基于复杂适应系统理论的企业创新网络研究［J］. 中国科技论坛，2007，(12)：76－80.

"涌现"现象作用下，产生主体与环境和谐的新机制。具体而言，通过各类环境审计，促进多部门、跨区域、多中心合作治污的适应性和学习行为；通过环境绩效审计，促进政府提供优质生态文明建设的适应性和学习行为；通过环境合规性审计，促进企业环境保护生态文明建设遵从的适应性和学习行为（见表4-1）。

表4-1　环境审计在甘孜州生态文明建设治理中的作用机制

|  | 环境政策审计 | 绿色环境审计 | 环境绩效审计 | 环境合规性审计 |
|---|---|---|---|---|
| 审计对象 | 公共政策 | 政府和国有企业领导人 | 地方政府及有关部门 | 企业经营活动 |
| 审计内容 | 公共政策的有效性 | 直接责任与间接责任 | 生态文明建设投资的效率、效益、效果 | 生态文明建设政策制度的遵循性 |
| 审计主体 | 政府审计 | 政府审计 | 政府审计、内部审计 | 内部审计、社会审计 |
| 审计目标 | 生态文明建设监督和激励合约 | 多部门、跨区域、多中心合作生态文明建设 | 提供优质生态文明建设公共产品的行为 | 生态文明建设社会责任遵从行为 |

## 4.3　环境审计推进生态文明建设运行机制的动力作用分析

生态环境系统对生态文明建设具有驱动作用，是因其价值而起的。从生态学的角度看，一个完整、健康的自然生态系统在光合作用下，通过生产者、消费者、分解者的有机结合，形成物质和能量的流动和转换，会自行构建一套生态系统进行更新、演替、再生的良性循环体系。这种按照自然力进行的物质循环或自然再生产保持了生态系统的相对稳定，也为生命有机体的生存和繁衍提供了充足的物质和能量①。

生态环境系统的价值传导并加速生态文明建设，除了自身的反馈机制运动外，必须借助人类的行为作用，结合对生态文明内涵的分析，即对生态环境文明概念和目标的分析。生态文明建设要求必须形成节约能源、资源、保护生态环境的产业结构。发展生态产业的基础是生态农业。所谓生态农业，是遵循生态经济学规律进行经营和管理的集约化农业体系，包括生态种植业、生态林业、生态畜牧业和生态渔业，是促进生态文明建设产业体系的基础产业。发展生态农业，一是要通过延长农业产业链，对农产品进行深加工或者发展高科技农业，分享产业链的其他环节带来的价值增值，增加农业资源的使用效率，顺应农产品市场的新要求，利用已有的生态农业基础，突出产品质量，大量开展无公害、标准化生产，加快推进农业标准化、生态化、规模化、产业化建设，培育安全农产品生产基地，围绕地区优势农产品，发展无公害、生态化食品，精心打造农产品品牌，构建农产品对外输出平台；二是要推进生态旅游农业的发展，开发具有观光价值的农业资源。农业是国民经济的基础，也是生态文明建设的基本内容之一，加快生态农业发展，对加快生态文明建设进程具有十分重要的驱动作用。

生态工业是生态文明理念下产业结构体系的核心内容。所谓生态工业，就是指工业经济活动与资源配置过程中，能源资源的消耗量、污染物和废弃物排放量最小化，对生态环境破坏程度最低化，有利于经济可持续发展的工业模式。它采用生态学原理、经济学规律和系统工程的方法经营和管理，通过资源节约、减轻生态环境污染和废弃物再利用等方式，实现节约能源资源、保护

---

① 严耕，杨志华. 生态文明的理论与系统建构［M］. 北京：中央编译出版社，2009.

生态环境，是促进生态文明建设的一种生态化的工业发展途径。走工业生态化的产业发展模式成为工业发展的必然选择。目前，在工业生产领域，主要依赖矿物资源为基本原料生产能源、各种材料及产品，整个工业生态体系缺乏对生产过程中产生的废物及副产品的有效循环利用，面临着自然资源稀缺，环境容量有限等制约因素。针对传统工业面临的可持续发展的挑战，生态文明建设要求发展生态可持续性工业，即由传统工业发展模式向生态工业的可持续发展模式的转变，发展循环经济是生态文明建设的实现途径。循环经济最主要的内容是生产过程的生态化，其本质是将传统的"资源—产品—废物"单向流动经济模式，转变为"资源—产品—再生资源"的反馈式流动经济模式。要围绕"资源—开采—加工—利用—生命周期"的各个环节，全过程实现矿产资源的生态化产业循环。以新型材料、环保建材类企业为重点，推进资源节约和综合利用；在生产技术和工艺方面，要保证产业生态化的实现，要大力推广资源节约型和环境友好型的生产工艺和技术，以不断降低物质消耗和污染排放量。同时，大力推进生态工业园区建设，使循环经济得到较好的运行。生态工业作为生态文明建设的主要组成部分、产业结构的重点，推进工业生态化，将进一步加速生态文明建设步伐。

在五个文明子系统中，需要指出的是，生态政治文明尤其重要。正如我国著名污染生态学家王焕校教授在经历了 40 年的污染生态理论研究和实践后的总结，生态文明建设治理一直忽视了"生态政治"在其中的重要角色和作用，尤其是生态政治文明中的管理文明建设内容和作用，它甚至胜于技术、工程的意义，后者治标而前者更治本。传统工业文明的顽疾是社会的生产、生活与生态管理职能条块分割，与环境经济脱节；生产消费分离、城市乡村分治、厂矿和周边环境脱节，废物制造与循环利用脱节；企业间横向关系松散，部门之间缺乏沟通机制；内部组织的自调节机制薄弱，决策就事论事；区域之间职能部门、领导缺乏协调沟通机制。尤其是传统现代工业文明，完全是以市场经济为导向，以经济利益最大化为驱动，导致在工业生产过程中出现一系列外部不经济性问题，而解决这一问题的关键又在于政府部门在整个管理过程中的角色和作用。因此，环境审计影响并推进生态文明建设的作用路径主要通过生态管理文明和生态政治文明两个方面进行。

生态管理文明主要指政府通过相关民间和各种国家强制工具、手段和途径，来规范和实现生态文明建设内容的有效、有序、高效推进的全过程。在我国社会主义初级阶段，生态政治文明在整个生态文明战略建设过程中有着重要的地位和作用，这是中国特色社会主义政治体制和特殊国情、发展阶段决定的，也是目前为止，在我国建设生态文明过程中，由于以经济建设为核心的考核导向而常被忽略的关键环节。国家层面的管理，最关键的三个方面对生态文明建设发挥着巨大的促进作用：一是做出符合生态文明建设要求的战略规划，包括环境政策、经济政策、社会政策、文化政策等多领域，覆盖生态文明建设的全部。二是提高项目环评、战略环评及规划环评的执行力。当前的政府及其职能部门，职能转变不适应生态文明建设的需要，需要加快转变职能速度，提高执行力，将国家规划工作落实到位。三是重大环境污染和生态破坏事件的防治，在防上要有一套切实可行的措施，在治上要狠抓执行力。通过完善制度，强化执行的力度，使政治因素在生态文明建设过程中发挥积极的作用。

在生态文明建设过程中，包括经济、生态、社会发展等各种发展体系总是沉浸于文化环境中，在这种文化环境中，每个人都遵守自己所属群体的规则、习俗和行为模式。文化作为制度性的建构，将生态维护、经济发展等深深包含于其中，对生态文明建设发挥着导向性的功能。单就生态系统维护而言，有学者认为，生态维护从本质上讲就是一个文化概念。例如，两极的冰川要融化，海平面要上升十几米淹没人类最辉煌的文明杰作；随着热带雨林的消失，地球生命体系的氧气会不够用；随着众多物种的消失，广大人类将生息在单调、苍白的环境中。但平心而论，此类恐怖对于特定的民族影响较大。全球沙漠扩大三倍，对当事的农业民族来说，确实是灭顶之灾；而海平面上升十几米，对荷兰人而言确实是糟透了，因为国土将不复存在，但对于居住在青藏高原的人们来说却是无关痛痒。上述例子正是因为基于不同生态环境形成的不同文化心理，因此对生态维护的导向性各异。

## 4.4　环境审计推进生态文明建设运行机制的预警作用分析

预警机制是指由能灵敏、准确地昭示风险前兆，并能及时提供警示的机构、制度、网络、举措等构成的预警系统，其作用在于超前反馈、及时布置、防风险于未然。预警机制是指，"预警指标的设计和量化，预警信息（警源信息、警情信息、警兆信息）的收集与分析，预警区域的设置，警级类型的分析和判断，预警信息的传递与报送，预警机构的设置与协调，预案的设置与实施等"①。

有关研究表明，生态文明建设预警机制的研究正沿着两条交叉的线路发展。从国外的研究看，正从生态预警研究向经济社会预警研究转变，20世纪以来，主要围绕生态安全的概念及生态安全与国家安全、可持续发展和全球化的相互关系，基因工程生物的生态风险与生态安全，化学品施用对农业生态系统健康及生态安全的影响等展开。19世纪80年代法国的"经济恐慌学派"

---

① 秋玲. 城市经济预警机制［M］. 北京：经济管理出版社，2009.

就开始"用不同颜色描述经济运行状态",1911 年专门成立了属于国家政府的管理机构"经济恐慌委员会",1965 年法国政府为配合第四个五年计划制定了"景气政策信号制度",借助不同信号灯颜色对宏观经济状态做出直观的评价;20 世纪初,美国的"经济指数学派"开始编制经济活动指数,并于 50 年代从理论走向实践;60—70 年代,以日本和德国为代表的"警告指数学派"开始编制和发布"经济景气警告指数";1978 年经济合作与发展组织(OECD)建立了一个用于先行指标系统监测成员国经济动向的机构。从国内的研究看,正从评价研究向预警研究转变。生态预警方面,随着生态破坏和环境污染的日益严重,20 世纪 90 年代初,我国开始了环境预警方面的研究。总结 20 年来的研究,大致沿着"必要性和紧迫性—指标体系和方法—区域生态安全评价—生态风险补救和规避"的线路转变。经济方面,国内于 20 世纪 80 年代开始组织宏观经济预警研究,已开始从主要侧重于国家经济安全[①]逐步深入到区域经济安全研究[②];社会发展方面,在民族地区社会稳定和发展[③]、和谐社会预警机制[④]、转型期社会风险及干预[⑤]、道德风险预警[⑥]等到扩展研究,与预警管理相关的研究大致可以将其分为四大类[⑦]:

① 陈秋玲. 城市经济预警机制 [M]. 北京:经济管理出版社,2009.

② 熊国强,刘东红. 区域经济差异的预警与调控 [J]. 科学进步与对策,2007.

③ 高永久. 论民族社会稳定的预警系统 [J]. 中南民族大学:人文社会科学版,2003 (3).

④ 贾友山. 社会主义和谐社会与社会预警机制的建立 [J]. 聊城大学学报:社会科学版,2006 (2).

⑤ 曾永泉,夏玉珍. 转型期社会风险预警与干预机制研究 [J]. 广西社会科学,2008 (4).

⑥ 吴成钢,党益群. 建立农民道德生态预警机制的思考 [J]. 中国特色社会主义研究,2008 (3).

⑦ 陈秋玲. 城市经济预警机制 [M]. 北京:经济管理出版社,2009.

（1）从时间上，预警分为短期预警、中期预警与长期预警，见表 4-2：

表 4-2 "时间维"一维分析框架下的预警领域

| 比较项目 | 短期预警 | 中期预警 | 长期预警 |
|---|---|---|---|
| 预警对象 | 属应急预警，受随机因素干扰，无规律可循 | 属中期趋势预警，虽有一定规律可循，但伴随着随机因素干扰 | 属长期趋势预警，有规律可循 |
| 时间跨度 | 1 年以内 | 1 年以内，5 年以下 | 5 年以上 |
| 预警难度 | 有一定难度 | 难度很大 | 难度很大，不易把握 |
| 预警准确性的关键 | 对突发事件的预测预报能力 | 既要有对突发事件的预测预报能力，又要了解中长期趋势运行规律 | 对长期趋势运行规律的把握程度 |

（2）从范围上，预警可分为宏观预警、中观预警与微观预警，主要从预警对象空间尺度的大小来划分，见表 4-3：

表 4-3 "空间维"一维分析框架下的预警领域

| 比较项目 | 宏观预警 | 中观预警 | 微观预警 |
|---|---|---|---|
| 预警对象 | 属战略性预警 | 属区域性或行业性预警 | 属战术性或个体性预警 |
| 空间跨度 | 大空间尺度的预警 | 中等空间尺度的预警 | 小空间尺度的预警 |
| 预警难度 | 很大 | 较大 | 较易把握 |
| 预警准确性的关键 | 对宏观层面的总体调控能力 | 介于两者之间 | 对微观事项运行规律的把握程度 |

（3）从综合视角领域上看，可以给出"时间维—空间维—理

论维"三维分析框架下的预警领域，见表 4－4：

表 4－4　"时间维－空间维－理论维"三维分析框架下的预警领域

| | |
|---|---|
| 预警对象 | （1）经济预警：如宏观经济预警、区域经济预警、城市经济预警、城市经济预警、产业经济预警、金融预警、对外贸易预警、市场预警；（2）非经济预警：如社会预警、军事预警、生态环境预警、工程地质预警、气候气象预测预报，等等。 |
| 时间跨度 | 短期预警：1 年以内 |
| | 中期预警：1 年以上，5 年以内 |
| | 长期预警：5 年以上 |
| 空间尺度 | 宏观预警：大空间尺度 |
| | 中观预警：中等空间尺度 |
| | 微观预警：小空间尺度 |
| 预警准确性的关键 | 对相应领域关键要素的总体调控与预测预报能力 |

（4）从预警管理对象的过程，分为危机成因机理、危机早期预报与预控原理、预警管理手段等，见表 4－5：

表 4－5　"空间维－理论维"二维分析框架下的预警领域

| 分析层面 | 危机成因机理 | 危机早期预报与预控原理 | 预警管理手段 |
|---|---|---|---|
| 宏观层面 | 危机起源、发展方式、后果程度的理论模型和预警分析模型 | 危机预警的监测系统、识别指标、组织运作及预控方式的基本原理、模式与方法，提出了危机预测、危机避防、危机处理等管理程序 | 宏观管理的预警技术方法及预警指标体系 |
| 中观层面 | | | |
| 微观层面 | | | |

生态文明建设的风险预警及规避，主要依赖于两个大方面的工作：一是直接对以生态环境安全为核心的生态文明系统的历史变化和现状进行分析，做出预警结论，制定政策加以应对；二是

通过以应对措施的方式，将安全隐患引导到有利于人类生存和发展的经济和社会活动中，增加社会福利。从生态文明建设预警工作研究的角度看，环境审计部门应加强对历史数据的研究，首先是对今后做出长短期各类指标变化的预测；其次是掌握对经济社会发展的影响程度，以及对今后的影响程度做出预测；最后是配合环保、林业、国土等部门，安排专人研究生态文明建设的变化情况，做出相应的预测，以提供政府调整战略建议。

## 4.5　环境审计推进生态文明建设运行机制的调控作用分析

对"控制"一词，经济学意义上是指有权决定一个企业的财务和经营政策，并能据以从该企业的经营活动中获取利益；管理意义上是对员工的活动进行监督，判定组织是否正朝着既定的目标健康地发展，并在必要的时候及时采取矫正措施。因此，从微观的视角，控制应该包含五个方面的内涵：一是有权，有决定一项活动的权力；二是监督，根据决定权进行活动监督；三是判断，认定活动是否朝着预定目标开展；四是矫正，当活动开展出现方向偏差时，根据决定权采取措施予以纠正；五是获利，管理的根本目的是获利（这种获利不一定是物质上的，也可能是精神上的）。从宏观的视角看，控制应该包括两个方面：一是约束，参照预定的目标，纠正偏离方向的行为，鼓励符合方向的行为，以达到预定目标；二是协调，采取措施降低成本，提高效率，以促进动力机制的正常运转。

生态文明建设调控机制作为一种资源开发利用方式和自然环境管理手段的综合策略，必然会因为对不合理的资源开发活动和破坏生态环境的行为的控制，损害某些个人或集体的利益。因此，生态文明建设调控机制一旦实施就必须立即对所有的开发活动具有约束力，否则很可能会起到加剧生态环境破坏的反作用。环境审计的调控作用，主要通过六个方面的作用来发挥：一是协助贯彻执行基本法律。在我国，制定了大量的相关基本法律和法规，需要认真贯彻执行；二是从整个区域的高度，协助制定地区协调统一的区域环境保护法律，统一管理，合理开发、利用和保护地区的环境资源：比如甘孜可以根据自身建设的需要，起草相关法律文本草稿，提请全国人大或其常委会审查通过并实施；三是制定与地区的地理条件、环境资源、人口文化等特点、需求相适应，与国家的法律法规相互配套的统一完善的环境保护单行条例；四是加大生态文明建设违法的执法力度；五是加强生态文明建设行政执法的队伍建设；六是建立有效的执法监督机制。

政策手段方面，对生态文明建设具有明显、直接影响的政策，主要包括资源和环境政策、经济政策、社会保障政策三大类。环境审计的调控作用主要通过两个途径来实现：一是资源环境的管理和利用。以法律为依据，由各级政府制定相关的政策措施来管理和利用现有的资源，保障区域可持续发展；二是建立生态补偿机制。生态补偿机制，除了国家已经建立的退耕还林（草）政策和正在试点的生态补偿机制外，应增加区域内部的补偿机制和区域之间的补偿机制，以多方面确保资源环境不受到严重破坏，政府应制定并实施有利于环境保护的政策和措施，加大政策优惠力度，为构建生态文明建设运行机制创造良好的运行环境。就前者而言，一方面可以通过法律手段，进一步完善；另一方面，政府需要加强落实上级的相关政策，并在此基础上制定相关的政策措施。

经济政策主要指生态经济政策，生态经济是人类对经济增长与生态环境关系的反思，认为人类社会只是生态系统的一个子系统，一切经济活动和所有生物都对地球生态系统有着依赖关系，人类社会子系统的存在依赖于生态大系统的平衡和自我调节机制。生态经济强调生态平衡与经济平衡的关系、生态效益与经济效益的关系、生态供给与经济需求的矛盾等，以此来探索经济系统和生态系统持续稳定的发展方式。一个有效的发展生态经济的政策体系涉及产业组织、区域发展、投资体制等重要方面。与此对应，政府的生态经济政策体系主要应包括产业政策、区域政策、投资与金融政策等。社会保障政策，主要是城镇和农村最低生活保障政策、贫困救助、受灾救助等政策。社会保障政策的制定和实施，将减少群众的生存压力，很大程度上避免了矛盾纠纷的发生，在维护社会稳定的同时，间接性地维护了生态环境，因为生存有保障，破坏环境的行为将会减少，进而促进生态文明建设工程。

行政手段在调控生态文明建设过程中，主要依赖于环境审计职能的转变，也就是要使生态文明建设职能在政府环境审计职能中的地位和作用得到不断提高和强化，与其他职能相互协调、相互促进。行政手段大致依靠以下途径来完成政府环境审计职能转变，调控生态文明建设：一是提高生态文明建设的思想认识；二是推进体制机制创新，保证职能落实；三是推进环境审计生态法制建设，完善社会监督机制；四是制定科学的政绩考评机制。

美国学者佩奇认为，资源开发利用技术和环保技术的不对称是环境破坏的重要原因，在实现生态文明建设的同时必须要有相配套的技术，因此，要高度重视技术手段的调控作用。针对这个环节，环境审计的调控作用体现在：一是环境保护领域的技术手段。就是通过先进技术，将受到破坏的生态环境恢复，有效保护受到破坏的生态环境；二是经济产业领域的技术手段。在产业生态化过程中，普遍采用先进的技术，使资源浪费减少，污染物排放量减少，提高产出率，实现经济发展和环境保护双丰收；三是质量评价领域的技术手段。对生态文明建设的各领域，需要获得有效的质量评价数据，此时需要特别提高相关技术手段，以适应发展的需要。

　　构建和谐的社会环境，是生态文明必备的重要因素之一。试想，战争连绵的阿富汗、海盗猖獗的索马里，等等，群众生命安全尚未得到保证，又如何去建设生态文明呢？就如何构建一个和谐的社会环境，不同学者和不同区域会有不同的看法和政策措施。本书认为，提升居民的健康生活程度和提升社会和谐程度，在发挥动力作用的同时，也正在协调社会的和谐进步。协调社会和谐的目的是推进社会进步，在一个过程中完成了动力和调控两个方面的作用。因此环境审计必须从总体上综合地抓好四个方面的工作：（1）抓好社会保障。要完善全民医疗保险制度，全面启动城镇居民医疗保险工作，扎实推进农村新型合作医疗；要完善就业、再就业、零就业家庭就业保障等制度；要完善城乡居民最低生活保障制度，实现应保尽保；要完善社会救助、救济制度，特别是对因灾致贫的群众的救助。（2）推进社会事业发展。优先发展教育事业，在教育基础设施和教学质量上获得较大提高；要大力发展卫生事业，形成全面覆盖城乡的医疗卫生体系；要严格控制人口数量，提高人口素质；大力繁荣发展文化事业，特别是农村文化事业的发展。（3）推进城乡建设。要通过加强城乡建设，推动城镇建设与经济良性互动发展；要进一步提高城市管理水平，提升城市品位；要按照社会主义新农村建设的要求，狠抓农村基础设施建设，使农村的生产和生活环境得到长足改善。（4）推进社会和谐建设。要以"平安建设"为载体，加大社会治安综合治理力度。

　　文化模式对生态文明建设的调控作用，必须在文化的变迁或重构过程中得到完善。一成不变的文化模式是无法适应并调控经济社会的发展乃至维护生态系统的。按照戴庆中教授的研究，文化变迁的动力有两个来源：一是创新发明，即在一定文化模式内创造或产生新的文化元素或文化特质；二是传播采借，即通过引进外来文化元素或特质而使文化模式更新。因此,实现环境审计维护文化变迁的主要机制是创新机制和传播机制①。在笔者的调研过程中,认为此二路径是完全适合于生态文明建设的。但是文化模式不是平白无故地变迁或重构的,而是源于外部环境的影响,最根本的是生境的改变。比如在云贵高原上,民族文化在展现其丰富的多元化特征的同时,也表现出其大量的同一性特点。这种同一性大致包含了两层基本含义:一是各民族文化要素的某些类似性;二是文化发展过程中的某种"趋同"现象。二者相互交叉,共同直观地反映在文化的诸要素中。产生这种文化同一性的原因很多,但最主要的是文化所依赖的基础相同,尤其是山地农耕经济文化生态。换而言之,云贵各民族的文化是在云贵高原这一特定的生存空间中得以展现的。在这一空间中,人们开发、利用的是共同的山地资源,因而文化是存在于共同的山地生态环境中的。在此基础上,当山地资源要素相类似时,不同民族在开发、利用该资源要素过程中所形成的产品、技术等物质文化要素具有某种类似性是必然的。例如在传统民族的物质文化这一层面,我们可以找到许多如采集、狩猎、刀耕火种、定居农耕等不同的文化类型,但当把所有这些文化类型放在历史过程中进行综合考察时,是大致可以勾勒出由采集向农耕演进的基本线索的。这种趋同现象不仅导致各民族在物质方面存在某种同一性,而且也势必导致精神文化领域形成某种同一性,这样的同一性的发生,正是文化模式变迁或重构的结果,但其是在生境变化的情况下被迫变迁或重构的。通过创新机制和传播机制,创新出或嫁接出新的文化要素,按照变化了的生态环境完成文化模式重构,进而推进生态文明建设。

---

① 戴庆中. 文化视野中的贫困与发展贫困地区发展的非经济因素研究 [M]. 贵阳:贵州人民出版社,2001.

# 第5章　环境审计推进甘孜州生态文明建设指数发展的实证研究

## 5.1　评价指标体系的构建

为了完成研究计划，我们需要构建一套环境审计参与生态文明建设的评价指标体系，在联合国开发计划署（UNDP）于1990 年发布的"人类发展报告"中，首度使用了人类发展指数（human development index，简称 HDI）。该指数由平均寿命指数、教育水平、人均 GDP 指数三个单项指数复合组成，来综合测量世界各国的人文发展状况。但是，HDI 指数只用三个指标，不太完善，尤其是没有采用生态指标，所以这不能不说是该指数的一个缺陷。因此本章试图将生态因素引入到人类发展指数之中，从而拓展 HDI 的内容和意义。

### 5.1.1　生态文明指标体系的理论构建

从统计的角度看，指标的选取必须具有代表性，其数值易于获得，以及可以进行跨区间比较。由此，我们为生态文明这个一级指标选取了四个二级指标：水环境、大气环境、土壤环境及其他环境；并详细地为二级指标设定了十二个三级指标。具体为：水环境包括人均水资源总量、工业废水达标率、城市污水处理率；大气环境包括万人均二氧化硫排放量、万人均烟尘排放量以及人均二氧化碳排放量；土壤环境包括森林覆盖率、城市人均公共绿地面积、自然保护区占辖区面积；由于生态环境的多样性，导致有很多的生态指标无法被归类到水环境、大气环境、土壤环境之中。故我们选取了三个十分具有代表性的三级指标，分别是环境污染治理投资总额占 GDP 比重、万元 GDP 能耗、生活垃圾无害化处理率。

## 5.1.2　生态文明指数指标权重的确定

我们采用层次分析法确定各指标权重，这样，可以避免大量指标同时赋权的混乱和失误，从而提高预测和评价的简便性和准确性。

1. 构建层次结构

目标层的生态文明指数为 A 层指标，水环境、大气环境、土壤环境、其他环境为 B 层指标，指标层的 12 个指标作为 C 层指标。

2. 建立判断矩阵

按 1－9 标度法，相对重要程度随着数值的增大而提高，根据相关知识将列表中行指标与列指标分别比较其相对重要性（见表 5－1 至表 5－5）。

表 5－1　B 层判断矩阵

|  | 水环境 | 大气环境 | 土壤环境 | 其他环境 |
|---|---|---|---|---|
| 水环境 | 1 | 1 | 1 | 2 |
| 大气环境 | 1 | 1 | 1 | 2 |
| 土壤环境 | 1 | 1 | 1 | 2 |
| 其他环境 | 0.5 | 0.5 | 0.5 | 1 |

表 5－2 **C1—C3 指标层判断矩阵**

| 水环境 | 人均水资源总量 | 工业废水达标率 | 城市污水处理率 |
|---|---|---|---|
| 人均水资源总量 | 1 | 2 | 2 |
| 工业废水达标率 | 0.5 | 1 | 1 |
| 城市污水处理率 | 0.5 | 1 | 1 |

表 5－3 **C4—C6 指标层判断矩阵**

| 大气环境 | 人均二氧化碳排放量 | 万人二氧化硫排放量 | 万人均烟尘排放量 |
|---|---|---|---|
| 人均二氧化碳排放量 | 1 | 2 | 3 |
| 万人二氧化硫排放量 | 0.5 | 1 | 2 |
| 万人均烟尘排放量 | 0.333333 | 0.5 | 1 |

表 5－4 **C7—C9 指标层判断矩阵**

| 土壤环境 | 城市人均公共绿地面积 | 森林覆盖率 | 自然保护区占辖区面积 |
|---|---|---|---|
| 城市人均公共绿地面积 | 1 | 2 | 2 |
| 森林覆盖率 | 0.5 | 1 | 1 |
| 自然保护区占辖区面积 | 0.5 | 1 | 1 |

表 5－5 **C10—C12 指标层判断矩阵**

| 其他环境 | 环境污染治理投资总额占 GPD 比重 | 万元 GDP 能耗 | 生活垃圾无害化处理率 |
|---|---|---|---|
| 环境污染治理投资总额占 GPD 比重 | 1 | 2 | 3 |
| 万元 GDP 能耗 | 0.5 | 1 | 2 |
| 生活垃圾无害化处理率 | 0.33333333 | 0.5 | 1 |

对于同一层次的几个评价指标可以得到两两比较判断矩阵：

$$\boldsymbol{A} = (a_{ij})_{n \times n}$$

它具有以下性质：①$a_{ij} > 0$；②$a_{ij} = 1/a_{ji}$；③$a_{ij} = 1$

### 3. 计算各评价指标的相对权重

计算各评价指标的相对权重采用求和法，计算思路是：将判断矩阵按列相加归 1，然后按行相加除以判断矩阵的维数 $n$，即得到各个指标的权重。具体的计算步骤是：第一，将判断矩阵 $\boldsymbol{B}$ 按列归 1，即将判断矩阵按列相加得到该列向量之和，然后将每个元素除以所在列的列向量之和，这样得到一个按列归 1 后新的矩阵 $\boldsymbol{B}'$；第二，将 $\boldsymbol{B}'$ 按行相加，得到一个列向量 $\boldsymbol{B}''$；第三，将 $\boldsymbol{B}''$ 每个元素除以判断矩阵 $\boldsymbol{B}$ 的维数 $n$，即得到各指标的权重。用公式表示为：

$$w = \frac{1}{n} \times \sum_{j=1}^{n} \frac{b_{ij}}{\sum_{k=1}^{n} b_{kj}}$$
$$(i, j, k = 1, 2, \cdots, n)$$

### 4. 一致性检验

一致性指标 $C.I. = \dfrac{\lambda_{\text{MAX}} - n}{n-1}$ 的值越大，表明判断矩阵偏离完全一致性的程度越大，$C.I.$ 的值越小，表明判断矩阵越接近于完全一致性。一般判断矩阵的阶数 $n$ 越大，人为造成的偏离完全一致性指标 $C.I.$ 的值便越大；$n$ 越小，人为造成的偏离完全一致性指标 $C.I.$ 的值便越小。

判断矩阵一致性指标 $C.I.$ 与同阶平均随机一致性指标 $R.I.$ 之比称为随机一致性比率 $C.R.$（consistency ratio），当 $C.R. = \dfrac{C.I.}{R.I.} < 0.10$ 时，便认为判断矩阵具有可以接受的一致性。当 $C.R. \geqslant 0.10$ 时，就需要调整和修正判断矩阵，使其满足 $C.R. < 0.10$，从而具有满意的一致性。

5. 生态文明各项指标的权重

生态文明各项指标的权重（见表 5−6）。

**表 5−6　生态文明各项指标权重**

| 目标层 | 一级指标 | 权重 | 二级指标 | 最终权重 |
|---|---|---|---|---|
| 生态文明指标体系 | 水环境 | 0.285 71 | 人均水资源总量 | |
| | | | 工业废水达标率 | |
| | | | 城市污水处理率 | |
| | 大气环境 | 0.285 71 | 人均二氧化碳排放量 | |
| | | | 万人二氧化硫排放量 | |
| | | | 万人均烟尘排放量 | |
| | 土壤环境 | 0.285 714 | 城市人均公共绿地面积 | |
| | | | 森林覆盖率 | |
| | | | 自然保护区中辖区面积 | |
| | 其他环境 | 0.142 857 | 环境污染治理投资总额占 GDP 比重 | |
| | | | 万元 GDP 能耗 | |
| | | | 生活垃圾远在化处理率 | |

# 5.2　甘孜州生态文明指数的合成

## 5.2.1　数据的选取

表 5−7 是 2012—2016 年各指标数据，首先，对这五年的数据进行无量纲化处理，然后，把处理过的数据合成指数，这样就形成了甘孜州生态发展的指数，进而分析藏区这五年生态文明的发展情况。

表 5-7 甘孜州生态文明评价指标体系（原始数据）

| 目标层 | 一级指标 | 二级指标 | 单位 | 2012 年 | 2013 年 | 2014 年 | 2015 年 | 2016 年 |
|---|---|---|---|---|---|---|---|---|
| 生态文明指标体系 | 水环境 | 人均水资源总量 | 米³ | 2 207.2 | 2 131.3 | 1 856.3 | 2 151.3 | 1 932.1 |
| | | 工业废水达标率 | % | 88.3 | 89.2 | 90.7 | 91.2 | 90.7 |
| | | 污水处理率 | % | 40 | 42.1 | 45.7 | 52 | 55.6 |
| | 大气环境 | 人均二氧化碳排放量 | 吨 | 3.2 | 3.2 | 3.65 | 3.9 | 2.3 |
| | | 万人二氧化硫排放量 | 吨 | 150.561 | 167.070 3 | 173.469 9 | 194.943 3 | 196.948 8 |
| | | 万人均烟尘排放量 | 吨 | 78.861 53 | 81.174 99 | 84.238 55 | 90.473 83 | 82.846 45 |
| | 土壤环境 | 人均公共绿地面积 | 米² | 5.36 | 6.49 | 7.39 | 7.89 | 8.3 |
| | | 森林覆盖率 | % | 16.55 | 18.21 | 18.21 | 18.21 | 18.21 |
| | | 自然保护区占辖区面积 | % | 13.2 | 14.4 | 14.8 | 15 | 15.8 |
| | 其他环境 | 环境污染治理投资总额占 GDP 比重 | % | 1.14 | 1.2 | 1.19 | 1.3 | 1.22 |
| | | 万元 GDP 能耗 | 万吨标准煤 | 1.274 582 | 1.294 556 | 1.273 456 | 1.216 213 | 1.162 704 |
| | | 生活垃圾无害化处理率 | % | 50.5 | 50.8 | 52.1 | 51.7 | 52.2 |

## 5.2.2   无量纲化处理

如果直接对表 5—7 中的原始数据进行分析，结果就会出现偏差。因此在对变量进行比较分析前，有必要先对数据进行无量纲化处理。本书根据纵向评价的目的，选用阈值法的无量纲化方法。具体公式如下：

$$维度指数＝(x-F_0)/(F-F_0)$$

其中 $x$ 是该维度的实际值，$F$、$F_0$ 分别代表最大和最小值，在确定上限值和下限值时，基于计量技术特点和数据可得性的考虑，我们遵循的几种原则是：具体指标具体分析，以实际状况为依据，以历史数据为基础；注意指标数据的变化趋势，可把估计值作为参考依据；发挥调节和管理作用，可把规划值、计划值等标准数据作为阈值；要以评价结果的反馈来调整，以适用多数被评价对象为准。经过对数据进行无量纲化处理，得出我国生态文明评价指标体系各指标上下阈值（见表 5—8）。

表 5-8　我国生态文明评价指标体系各指标上下阈值

| 目标层 | 一级指标 | 二级指标 | 单位 | 正逆指标 | 下阈值 | 上阈值 |
|---|---|---|---|---|---|---|
| 生态文明指标体系 | 水环境 | 人均水资源总量 | 米³ | 正指标 | 95.5 | 4 695 |
| | | 工业废水达标率 | ％ | 正指标 | 50 | 100 |
| | | 污水处理率 | ％ | 正指标 | 10 | 90 |
| | 大气环境 | 人均二氧化碳排放量 | 吨 | 逆指标 | 250 | 100 |
| | | 万人二氧化硫排放量 | 吨 | 逆指标 | 150 | 30 |
| | | 万人均烟尘排放量 | 吨 | 逆指标 | 11.95 | 0.93 |
| | 土壤环境 | 人均公共绿地面积 | 米² | 正指标 | 2 | 13.33 |
| | | 森林覆盖率 | ％ | 正指标 | 2.94 | 62.96 |
| | | 自然保护区占辖区面积 | ％ | 正指标 | 2.6 | 34.1 |
| | 其他环境 | 环境污染治理投资总额占 GDP 比重 | ％ | 正指标 | 0 | 2 |
| | | 万元 GDP 能耗 | 万吨标准煤 | 正指标 | 0.76 | 3.188 |
| | | 生活垃圾无害化处理率 | ％ | 正指标 | 10 | 100 |

## 5.2.3　指数的合成

在多指标综合评价中，合成是通过一定的算式将多个指标对事物不同方面的评价值综合在一起，以得到一个整体性的评价。其中，线性加权和合成法是多指标综合评价指数合成最常用的方法，计算公式为：

$$y = \sum_{i=1}^{n} w_i y_i$$

式中，$y$ 表示合成指数，$y_i$ 为指标标准值，$w_i$ 为指标权重，最终得出甘孜州 2012—2016 年的生态文明指数（见表 5-9）。

**表** 5-9　**甘孜州** 2012—2016 **年生态文明指数**

| 年份 | 水环境指数 | 大气环境指数 | 土壤环境指数 | 其他环境指数 | 生态文明指数 |
|------|-----------|-------------|-------------|-------------|-------------|
| 2012 | 0.514 808 | 0.722 094 | 0.289 095 | 0.615 167 | 0.523 88 |
| 2013 | 0.517 619 | 0.686 22 | 0.355 401 | 0.629 437 | 0.535 417 |
| 2014 | 0.506 475 | 0.647 348 | 0.398 293 | 0.631 691 | 0.533 7C3 |
| 2015 | 0.560 785 | 0.584 056 | 0.421 946 | 0.667 614 | 0.543 027 |
| 2016 | 0.545 652 | 0.668 744 | 0.446 389 | 0.653 517 | 0.567 87 |

## 5.2.4　指数结果的分析

　　总体上看，甘孜州生态文明的提高是十分缓慢的。通过生态文明的指数计算（见表 5-9），2016 年比 2012 年仅提高了8.39%。具体表现在：2012—2016 年，水环境的改善是很缓慢的，水环境指数从 2012 年的0.514 808 仅上升到 2016 年的0.545 652。水的"大环境"被破坏已经成为现实。由于水资源的可用量本身有限，水的再生速度无法满足人类日益增加的使用数量，所以，人均水资源总量下降了14%，这说明我们可以用的水越来越少。而且，由于开发的困难和技术的限制，海水、深层地下水、冰雪固态淡水等还很少被利用。根据工业废水达标率和城市污水处理率的情况来看，我们的治理情况虽然是有所改善的，但是改善的程度并不乐观，也仅仅是微小的提高。

　　大气环境在 2012—2016 年，不但没有改善，反而恶化了。从 2012 年的0.722 094 下降到0.668 744 ，甚至在 2015 年达到了5 年内的最低点。二氧化硫、二氧化碳的排放量与日俱增，工业的、生活的废气被人们毫无节制地排放到大气中，大气质量问题已经严重到了不可忽视的地步。

　　土壤环境从 2012 年至 2016 年还是有所改善的，从 2012 年的 0.28 上升到了 2016 年的 0.44 ，这相对于其他的几项指标来看，改善的幅度还是比较大的。但是存在的问题依然不容忽视。森林破坏依旧相当严重，2013—2016 年，森林的覆盖率完全没有增加。自然保护区占辖区面积比重这个指标还是呈上升趋势的，这显示在这五年里我国对自然保护区的投入力度有所提高。

2012—2016 年，其他环境指数从 2012 年的 0.615 167 上升至 0.653 517，其他 3 年也都显示为 0.61～0.67。对于环境污染治理投资总额占 GDP 比重，政府有必要在进行持续投入的基础上再加大力度。从能源消耗的指数上可以看出来，我们对资源的开采已经超过了能源所能给予的能力。城市生活垃圾处理率还是不高，我国城市生活垃圾产生量增长快，每年以 8 %～10% 的速度增长，而目前城市生活垃圾处理率低，仅为 55.4 %，近一半的垃圾未经处理，被随意堆置着。

# 第6章　环境审计报告模式与公告制度

　　环境审计是专职从事领导干部环境责任监督的一项特殊的审计活动或行为，其目的就是通过评价领导干部受托环境责任的履行情况，以确保领导干部被授予的权力得以合理、有效运用，承担的公共受托环境责任得以全面有效履行。环境审计运行机制包括环境审计委托机制、环境审计执行机制、环境审计信息传递机制，以及成果运用机制。我们在前面探讨了受托责任人目标环境责任的确定、环境责任履行报告，以及环境审计评价方法与指标体系等问题，即着重分析了环境审计目标确定问题、环境审计委托机制和环境审计执行机制。本章我们将着重讨论环境审计报告模式与公告制度，即探讨环境审计信息传递机制和成果运用机制。

## 6.1　环境审计报告的特点分析

　　环境审计报告是指审计人员按照审计授权或委托人的要求，依据审计准则、国家法律法规的规定、审计评价指标体系，以及目标环境责任书等相关标准，在实施充分的审计程序基础上，对特定组织之环境责任人履职报告的公允性，发表审计意见，并对环境责任人受托环境责任的履行情况做出审计评价的书面报告。环境审计报告具有权威性、定向性、针对性、客观性、公正性等特点。

### 6.1.1　环境审计报告的权威性

环境审计报告是国家审计机关根据有关部门的授权，依据一定的标准对目标责任人的履职情况做出综合审计评价的正式书面报告，它是由国家审计机关依据法定程序出具的。依据环境审计报告做出的审计决定具有强制性，必须得到执行，在一定程度上讲，它代表了一种强制执行的公权力，具有一定的权威性，这一点使其与社会审计报告、内部审计报告有着显著的不同。社会审计报告、内部审计报告也是对受托人履职情况的一种鉴证与评价，但是这二者并没有政府强制执行的公权力作为保障，社会审计报告的质量取决于审计准则、审计师的职业素养等因素，内部审计报告主要是为单位内部的决策服务，因此这二者的权威性要弱一些。

### 6.1.2　环境审计报告的定向性

环境审计是国家审计机关接受党和政府的委托，专职从事领导干部监督其环境责任的一项特殊的审计活动或行为，其审计结果主要用于组织、纪检监察等部门考核、评价、监督干部，其审计的目的就决定了环境审计报告具有定向性的特点。首先，环境审计报告的收件人（使用者）主要是政府部门，因而首先是为了满足政府部门监督和管理干部的需要，然后才是通过向社会公告的形式以满足社会公众参政议政、监督评价干部的需要，它的使用者（服务对象）较为明确。其次，环境审计报告的内容主要是对领导干部环境责任的履行情况做出的鉴证和评价，主体内容非常明确，就是领导干部环境责任的履行情况。环境审计报告就是提供该种特殊信息的特定报告。最后，由于环境审计报告是对环境责任人的履职情况进行的鉴证，为了控制审计风险，其行文有着严格的要求，结构较为统一，定性措施及逻辑推论较为严谨，也就是说它有着特定的格式和要求，形式上较为单一和规范。

## 6.1.3 环境审计报告的针对性

　　环境审计的对象是"人"，主要是对"人"实施的一种特殊的审计，并且仅针对一类特殊的群体，主要是党政机关和国有企事业单位的一定级别的领导干部。在对领导干部的目标环境责任进行审计时，要事先确定审计的重要性水平，并控制审计的风险。在形成环境审计报告时，尤其要注意报告中提及的事项应该满足一定的重要性水平，并且该事项与领导干部自身有着一定的联系，被审计单位的环境责任与被审计领导干部无关的，或关系非常微弱的，审计报告中不必提及，以免误导报告的使用者。审计部门发现的诸如此类信息认为需要向上级机关或有关部门反映时，可以单独以专报或者其他形式向委托人反映。

## 6.1.4 环境审计报告的客观性

　　国家审计机关的审计人员在依据一定的标准和程序，撰写审计报告、形成审计结论时，所依据的原始证据和调查资料具有客观性。审计人员在对领导干部的目标环境责任进行评价时，需要收集大量的资料和证据，主要包括：领导干部任职时签订的目标环境责任书，领导干部的职责与分工资料，财务和会计资料，单位有关制度和文件资料，有关经济事项的决策和执行过程中的记录和审批等资料，函证及调查资料，有关本地区、本部门财政、经济和社会发展等相关资料，以及其他反映领导干部履行环境责任情况的资料。

　　以上所需的相关资料，如果是被审计单位提供的，需要被审计单位针对以上资料的真实完整性做出书面承诺，审计人员要通过询问、访谈，以及其他形式进一步确定所取得资料的真实完整性；如果相关资料是审计人员通过函证或调查取得的，那么审计人员仍然要通过一定的程序和措施验证相关资料的真实准确性。由于审计报告中进行审计评价、形成审计结论所依据的审计原始证据和资料具有一定的客观性，审计人员运用批判性思维，依据相关数据、指标进行客观谨慎地分析判断所得到的审计结论也就具有一定的可靠性。所以环境审计报告能够较为真实、客观和完整地反映目标责任人的受托环境责任。

## 6.1.5 环境审计报告的公正性

在进行环境审计评价的过程中，审计机关应坚持独立性原则，排除各种干扰，公允地站在第三方立场上，科学地运用评价标准，做出实事求是的评价。评价方法坚持以事评人，不因人而异，既肯定成绩，又指明问题，客观公正，不扣帽子，全面分析各种主客观条件和内外因素对被审计者的影响，严格分清单位责任和个人责任，前任责任和本任责任，主管责任和直接责任[①]。因而，环境审计报告具有公正性。

审计人员为了保证审计结论的客观公允性，一般应遵循以下原则：第一，独立性原则。独立性是审计质量之魂，要想取得较高的审计质量就必须要保持高度的独立性。相比其他审计形式，环境审计的风险往往大于一般审计的风险。因此，审计人员在环境审计的过程中坚持独立性原则，有助于防范环境审计特有的风险因素，提高环境审计质量。这里的独立性不仅体现在形式上的独立，更重要的是具有实质上的独立，并且建立和实行回避制度。第二，依法性原则。依法审计是所有审计必须坚持的一项基本原则，对于环境审计尤有特殊的意义。审计人员在审计过程中，必须以法律、法规为准绳，以领导干部上任前签订的目标环

---

① 黄萍. 论环境审计结果报告的特点及成果利用［EB/OL］. ［2011－6－27］. http://www.hbaudit.gov.cn/html/2011/0627/13218.htm.

境责任书、组织任免的任命书，以及领导干部的相关考核办法为依据，对环境责任履行报告进行审查，对领导干部的目标环境责任进行评价，正确评价和衡量领导干部的决策行为、执行情况和管理能力等。第三，权责对称原则。权责对称原则既是目标环境责任确定的重要原则，也是重要的环境审计原则之一。环境审计对象就是承担一定职权的行为责任人，根据权责对等的原则，行为责任人掌控多大的权力，就应该承担多大的责任。第四，客观性原则。审计人员开展环境审计时，要本着实事求是的态度，得出的每一条审计结论和建议都要有客观的证据和资料支持，不能够妄自推测得出不切实际的结论，对于没有审计证据支持的方面不能随意发表意见。第五，重要性原则。审计人员在实施审计时，将审计风险控制在可承受的范围之内，要客观全面地反映被审计人员目标环境责任的履行情况，审计过程中应该抓住重要的经济事项、重大的环境决策进行评价。

由于环境审计是对"人"的审计，主要是用来确定领导干部应承担多大的环境责任、应承担环境责任的履行状况如何，因此，为了保证环境审计报告的公正性，审计人员在遵循了以上原则的基础上，还要注意区分单位责任和个人责任，前任责任和本任责任，直接责任、主管责任和领导责任。只有客观公正、科学合理地划分清楚了以上责任，才能够确保得到客观公正的审计结论，提出科学合理的审计建议。

# 6.2 环境审计报告的规范化研究

## 6.2.1 审计报告的沿革及其启示①

审计报告是审计人员发表专业意见的载体，是审计人员与审计报告使用者沟通的桥梁。一般来讲，审计报告使用者包括被审计单位现实和潜在的投资者、债权人、客户、供应商、政府监管部门、职工、其他与被审计单位有利害关系的单位或个人等。审计报告不仅对所有的利益关系人，而且对审计人员自身的利益都是十分重要的。

以英国人查尔斯·斯耐尔（Charles Snell）对"南海公司"进行审计后，以会计师名义出具的第一份审计报告——"查账报告书"为标志，审计报告的沿革大致分为三个阶段：第一阶段为非标准化审计报告的萌芽阶段；第二阶段为标准化审计报告的探索和确立阶段；第三阶段为标准化审计报告的发展阶段。

1. 非标准化审计报告的萌芽阶段

现代审计报告是从早期英国的审计报告发展而来的。在 19 世纪，英国公司法最早要求审计人员对资产负债表的准确性做出审计报告，由于缺乏统一的标准和实务，审计报告没有标准用语，内容、格式、审计意见的表达方式均全部掌握在审计人员手中。审计人员经常出具描述性的长式审计报告，且在报告中出现"我们证明""我们保证""全面而正确"等过于绝对化的用词②。此时，审计报告的使用者主要是股东和债权人。

① 张勇. 环境责任导向审计模式研究［D］. 成都：西南财经大学，2009.
② 李晓慧. 审计报告的沿革及其运用研究［J］. 审计研究，2005（3）：85－88.

98

2. 标准化审计报告的探索和确立阶段

随着社会经济的发展，企业规模的扩张，经济活动的日益复杂，审计报告使用者范围的扩大，审计人员逐渐意识到，过于自信的审计报告，不仅可能误导审计报告使用者，而且不必要地增加了审计人员的责任。于是，审计人员开始探索简式审计报告。1918 年，美国会计师协会（AIA，美国注册会计师协会的前身）散发了题为"编制资产负债表的公认方法"（Approved Methods for the Preparation of the Balance Sheet Statements）的小册子，建议应将审计报告标准化，并提供了简式审计报告的格式。1929 年经济危机以后，社会各界对财务报告制度提出了尖锐的批评，并要求通过立法的形式，强制公司接受审计人员的审计。

1933 年，纽约证券交易所（NYSE）与美国会计师协会（AIA）联合提出了标准审计报告的格式。这是第一份标准的审计报告，也是现代审计报告的原型[①]，标志着现代标准化的审计报告的确立。

3. 标准化审计报告的发展阶段

为了适应审计报告使用者范围的扩大，规范审计人员形成审计意见和出具审计报告，标准化的审计报告几经修正。21 世纪初，美国安然、世通等事件严重损害了审计的公信力。为尽快恢复行业客观、公正的形象，国际会计师联合会（IFAC）下设的国际审计与鉴证准则委员会（IAASB）于 2004 年 12 月，将旧的 ISA 700《财务报表的审计报告》修订为新的 ISA 700《基于整套通用目的财务报表的审计报告》。2005 年 3 月，IAASB 又提出了 ISA 705《对独立审计报告意见的修改》和 ISA 706《独立审计报告中的强调事项段和其他事项段》两个征求意见稿，从而形成了新的国际审计报告准则，在规范审计报告的内容、格

---

① 文硕. 世界审计史［M］. 北京：企业管理出版社，1996.

式、意见类型，明确相关责任，保护审计人员和社会公众的正当权益等方面，发挥着重要的作用。

目前，标准化的审计报告不仅报告用语、内容和形式日益标准化、规范化，而且报告的种类也逐步多样化[①]。例如，审计报告按照内容的详略可以分为详式审计报告和简式审计报告；审计报告按照审计意见类型划分，可以分为标准审计报告和非标准审计报告；审计意见类型包括无保留意见（unqualified opinions）、保留意见（qualified opinions）、否定意见（adverse opinions）和无法表示意见（disclaimer of opinions）；当出具无保留意见的审计报告时，注册会计师应当以"我们认为"作为意见段的开头，并使用"在所有重大方面""公允反映"等术语。

尽管目前许多国家的审计报告采用具有以上特征的标准化的审计报告，但是"从 20 世纪 60 年代起，理论界就开始怀疑针对历史财务报表信息的审计报告的局限性，并提出：审计服务范围是否可以扩大到包括历史财务报表信息以外的信息"[②]。在许多改进审计报告的建议中，1978 年科恩报告（Cohen Report）的建议和 1995 年美国注册会计师协会（AICPA）关于审计报告的建议是较为典型的。

第一，1978 年，科恩委员会（Cohen Commission）发布科恩报告（Cohen Report），第一次对传统审计报告（针对历史财务报表信息）提出了改进建议，即审计人员的报告应当充分、灵活地反映报告使用者需要的信息，应当包括对不同信息发表不同担保程度的意见[③]。

第二，1995 年，美国注册会计师协会（AICPA）的财务报

---

① 李晓慧. 审计报告的沿革及其运用研究 [J]. 审计研究，2005 (3)：85-88.

② 徐政旦. 审计研究前沿 [M]. 上海：上海财经大学出版社，2002.

③ 张勇. 环境责任导向审计模式研究 [D]. 成都：西南财经大学，2009.

告特殊委员会通过调查和论证的方式，对企业财务报告和审计报告提出了一系列的改进建议。该委员会首先建立一个企业报告模型，从调查用户的信息需求入手，得出用户认为对其投资决策最重要的一组信息，综合模型的信息共分五类十个要素，且绝大多数信息客观上能够验证，因此要求审计人员介入。最后该委员会还给出了一份审计师对综合模型中信息进行报告的范例，该报告要求审计人员涉及历史财务报表以外的信息，而且审计报告应包括对不同信息的不同担保程度的意见[①]。

4. 上述审计报告的沿革给我们的启示

（1）审计报告使用者的需求是审计报告产生和发展的动因。

随着审计报告使用者由股东和债权人扩大到社会公众，社会公众对审计应起作用的理解，与审计人员行为结果及审计职业界自身对审计业绩的看法之间存在着许多分歧，也就是说存在着审计期望差距。为了不断缩小审计期望差距，以及满足社会公众的合理期望，审计职业界有必要通过修订审计报告准则进行改进；对于社会公众的不合理期望，或暂时还不能满足的合理期望，审计职业界除了通过各种方式与社会公众沟通，加强社会公众对审计职业界的了解，尽可能消除不合理期望外，还应当在审计报告中明确说明审计存在的缺陷，以促使审计报告使用者合理利用审计报告。

（2）未来的审计报告还需要进一步的修改和完善。

未来的审计报告要求审计人员涉及财务报表以外的更多的信息，以满足不同审计报告使用者对信息的需求。

---

① 李晓慧. 审计报告的沿革及其运用研究［J］. 审计研究，2005（3）：85－88.

## 6.2.2 环境审计报告的定位

环境审计同其他类型的审计一样，完成审计后需要出具审计报告。环境审计报告一方面要遵从审计准则对审计报告的界定和要求，另一方面又要突破现行审计报告仅涉及财务报表信息的局限，体现针对特定组织的环境责任人履行环境责任状况进行评价的特殊性。因此，环境审计报告是指审计人员按照审计授权或委托人的要求，依据审计准则、国家法律法规、审计评价指标体系，以及目标环境责任书等相关标准，在实施充分的审计程序基础上，对特定组织的环境责任人履职报告的公允性发表审计意见，并对环境责任人受托环境责任的履行情况做出审计评价的书面报告。环境审计报告具有权威性、定向性、针对性、客观性和公正性等特点。关于环境审计报告的定位，应该从审计报告的目标、审计主体、审计客体及审计依据等方面进行理解。

1. 审计报告的目标

环境审计的目标主要在于鉴证或评价环境责任人应承担的目标环境责任是否得到全面有效的履行，环境责任人的履职行为是否符合特定要求，从而确保环境责任人全面有效地履行环境责任，并为主管部门使用干部提供参考依据。这不仅明确了审计人员实施针对环境责任人行为本身的审计应达到的基本要求，控制并贯穿于审计流程始终，而且决定着审计报告的内容和格式。所以，在环境审计过程中，审计报告的目标必须与审计目标保持一致。审计人员只有在对环境责任人履职报告的公允性发表审计意见，并对环境责任人受托环境责任的履职状况，做出审计评价的基础上出具审计报告，才能实现审计目标，便于审计报告使用者理解审计目标和恰当利用审计报告所提供的信息，不断缩小与社会公众的审计期望差距。

2. 审计报告的主体

在环境审计行为中，审计报告的主体可以概括为"审计人员"。当前，"审计人员"主要是各级审计机关的环境审计项目组成员。审计人员的审计责任，就是在实施充分的审计流程、获取充分适当的审计证据基础上，对环境责任人履职报告的公允性发表审计意见，对环境责任人的履职报告，以及其他审计证据和资料中反映的环境责任人履行环境责任的整体状况进行恰当的审计评价。

3. 审计报告的客体

在环境审计行为中，审计客体应该是环境责任人呈报履职报告的公允性，以及环境责任人的受托环境责任履行情况。根据受托环境责任理论，行为责任的扩展引起了报告责任与报告体系的扩展，因而，"公允性"的含义与使用已不再局限于财务报表的要求，而应该扩展为对整个受托环境责任报告体系的要求。具体来说，履职报告的公允性是指环境责任人呈报的履职报告所运用的方法和原则，应具有公认性并切合实际；履职报告的内容应反映所有重大事项；履职报告中的信息必须有合理恰当的分类、汇总；履职报告必须反映环境责任人行为责任履行过程的基本事实，提供的信息必须真实可靠。

4. 审计报告的依据

在环境责任导向审计模式下，审计报告的依据既包括了审计人员据以发表审计意见的审计准则、环境责任人就任时签订的目标环境责任书、国家法律法规制度等方面的标准，又包括了审计人员据以做出审计评价的审计评价指标体系的标准。

就目前来看，审计人员发表意见的审计准则主要是审计署2010 年 8 号文发布的国家审计准则，国家审计准则对环境审计报告的形式、内容、编审等做出了一些原则性的规定。环境责任人就任时的目标环境责任书在实践中还不够规范、不成体系，有些领导干部就任时并没有签订类似的环境责任书，而有些领导干部就任时，上级领导和部门只是对其提出了一些要求，也没有以发文的形式明确下来。现行的中国共产党中央委员会组织部（简称：中组部）颁发的《地方党政领导班子和领导干部综合考核评价办法（试行）》第二十九条指出，地方党政领导班子和领导干部的实绩分析中，应该包括上级审计部门提供的环境审计，以及相关的审计和专项审计调查结论和评价意见。这些只是表明在对领导干部进行考核时要利用环境审计的成果，然而并没有对环境审计做出明确规定和要求。目前，在环境审计中，审计人员也并没有可以遵循的统一规范的审计评价标准体系。因此，开展环境审计时，审计人员的主要依据依然是国家有关的法律法规，如《党政主要领导干部和国有企业领导人员环境审计规定》等。审计人员出具审计报告时，也主要依据国家审计准则和《党政主要领导干部和国有企业领导人员环境审计规定》中关于审计报告的规定，当然一些地方也探索出台了一系列环境审计指南，并对审计报告的形式、内容等做出了要求。因此，为了深入开展环境审计工作，必须出台全国统一的专项审计准则和审计指南，并对审计报告的编写做出规定和要求。

### 6.2.3 环境审计报告的格式

1. 环境审计报告格式的选择
（1）审计报告格式的变迁。

以我国独立审计准则对审计报告格式的主张为例，审计报告的格式经历了两段式、三段式、四段式等不同要求的变迁历程。

1996 年，我国《独立审计准则具体准则第 7 号——审计报告》规定，审计报告采用"两段式"——范围段、意见段。注册会计师可以根据需要，在范围段和意见段之间，增加说明段①。

2003 年，我国《独立审计准则具体准则第 7 号——审计报告》规定，审计报告采用"三段式"——引言段、范围段和意见段。如果注册会计师认为有必要，可以在意见段之前增加说明段②。

2006 年，我国《注册会计师审计准则第 1501 号——审计报告》规定，审计报告采用"四段式"——引言段、管理当局对财务报表的责任段、注册会计师的责任段和意见段③。

从以上审计报告格式的变迁历程来看，为了满足审计报告使用者对审计报告提供信息的不同需要，不断缩小与社会公众的审计期望差距，我国审计报告的格式从两段式发展到现今的四段式，这不仅符合增加审计报告的可理解性和可阅读性的发展趋势，也和国际审计报告准则趋同。

（2）环境审计报告的格式。

虽然现今审计报告的格式多采用四段式，但是现今的审计报告只是针对被审计单位财务报表发表审计意见，而环境审计报告不仅要针对环境责任人履职报告发表审计意见，而且还要做出审计评价。因此，本书认为，根据环境审计的特点，其审计报告的格式应该采用五段式，即引言段、管理层对环境责任人履职报告的责任段、审计人员的责任段、意见段、评价段。

2. 环境审计意见类型的确定

在环境责任导向审计模式下，审计意见的类型是审计人员在

---

① 中国注册会计师协会. 独立审计具体准则第 7 号——审计报告 [M]. 北京：经济科学出版社，1996.

② 中国注册会计师协会. 中国注册会计师独立审计准则 2004 [M]. 北京：经济科学出版社，2004.

③ 中华人民共和国财政部. 中国注册会计师执业准则 2006 [M]. 北京：经济科学出版社，2006.

实施充分的审计流程、获取充分适当的审计证据的基础上，依据审计准则、国家法律法规的要求而确定的。主要包括无保留意见、保留意见、否定意见和无法表示意见四种类型。

（1）无保留意见的确定。

如果认为环境责任人的履职报告符合下列所有条件，审计人员应当出具无保留意见的审计报告。

第一，环境责任人的履职报告已经按照适用的准则和相关制度的规定编制，在所有重大方面公允反映了环境责任人履行目标环境责任的状况。

第二，审计人员已经按照审计准则的规定计划实施审计工作，在审计过程中未受到限制。

应该注意的是，如果有符合下列条件的事项，审计人员应当在审计意见段之后增加强调事项段予以强调：

第一，可能对环境责任人履职报告产生重大影响，但被审计单位进行了恰当的处理，且在履职报告中做出充分披露；

第二，不影响注册会计师发表的审计意见。

（2）保留意见的确定。

如果认为环境责任人履职报告整体是公允的，但还存在下列情形之一，审计人员应当出具保留意见的审计报告：

第一，环境责任人履职报告的披露不符合适用的准则和相关制度的规定，虽影响重大，但不至于出具否定意见的审计报告；

第二，因审计范围受到限制，不能获取充分、适当的审计证据，虽影响重大，但不至于出具无法表示意见的审计报告。

当出具保留意见的审计报告时，审计人员应当在审计意见段中使用"除……的影响外"等术语。如果因审计范围受到限制，审计人员还应当在审计人员的责任段中提及这一情况。

（3）否定意见的确定。

如果认为环境责任人的履职报告没有按照适用的准则和相关

制度的规定编制，未能在所有重大方面公允反映环境责任人履行目标环境责任的状况，审计人员应当出具否定意见的审计报告。当出具否定意见的审计报告时，审计人员应当在审计意见段中使用"由于上述问题造成的重大影响""由于受到前段所述事项的重大影响"等术语。

（4）无法表示意见的确定。

如果审计范围受到限制，可能产生的影响非常重大和广泛，不能获取充分、适当的审计证据，以至于无法对环境责任人的履职报告发表审计意见，审计人员应当出具无法表示意见的审计报告。

当出具无法表示意见的审计报告时，审计人员应当删除审计人员的责任段，并在审计意见段中使用"由于审计范围受到限制可能产生的影响非常重大和广泛""我们无法对上述环境责任人履职报告发表意见"等术语。

当出具保留意见、否定意见和无法表示意见等非无保留意见的审计报告时，审计人员应当在审计人员的责任段之后、审计意见段之前增加说明段，清楚地说明导致所发表意见或无法发表意见的所有原因，并在可能情况下，指出其对环境责任人履职报告的影响程度。

## 6.2.4 环境审计报告的结构要素

标准的审计报告一般都要包括：标题、收件人、引言段、范围段、意见段、注册会计师的签名及盖章、会计师事务所的名称、地址、报告日期及盖章等要素。标题主要是用来说明此报告是何种类型的报告，用以界定报告的性质，并且辅以文号便于文档的管理。收件人，主要用以表明此报告的对象是谁，需要向何人汇报审计的情况，规定了审计师主要的负责对象。引言段，主要是介绍审计了哪些资料，界定了被审计单位的责任以及审计师的责任。范围段，主要是说明审计师的依据、审计师做了哪些工作，以及表明审计师的态度。意见段，此处主要是审计师对所审计事项发表审计意见。注册会计师的签名和盖章、会计师事务所的名称、地址、报告日期及盖章等，主要是用来说明是何人负责审计的，明确审计项目的责任人和审计的时间。同时，审计报告需要言简意赅、清晰易懂、用词准确，把审计事项交代清楚即可，所需的原始证据可以用附件的形式附在其后。

由于现行审计报告中的审计意见是标准化的形式，主要分为无保留意见、保留意见、否定意见和无法表示意见等四种类型。环境审计报告中的审计意见仅是对环境责任人履职报告的公允性发表审计意见，因此，如果环境审计报告中仅有意见段，则难以对环境责任人的受托环境责任履行情况进行综合评价，那么就需要在标准审计报告的基础上增加一个评价段，此评价段主要用来对环境责任人的受托环境责任履行情况进行综合评价。财务报表审计报告带给我们的启示是，在编制环境审计报告时，应尽量做到格式统一、结构完整、内容清晰、用词严谨、评价准确、通俗易通，审计报告中难免要对环境责任人的履职状况进行大量的阐述和评价，必要时审计人员应该在审计报告正文部分仅简要阐述和评价环境责任人重大环境责任的履行状况，正文部分可以仅列示结论性的意见，详细的环境责任履行状况和评价意见可以以附件的形式作为补充。

1. 标题

审计报告的标题应当统一规范为"关于××（被审计单位）××（被审计人姓名和职务）的环境审计报告"。

2. 收件人

审计报告的收件人是指审计业务的授权或委托人。审计报告应当载明收件人的全称。审计机关还应该将环境审计报告送达被审计领导干部及其所在单位。

3．引言段

审计报告的引言段应当说明被审计单位的名称、环境责任人的名称和职务，以及环境责任人的履职报告已经过审计，并包括下列内容：

（1）指出构成整套环境责任人履职报告的每张环境责任人履职报告的名称；

（2）提及环境责任人履职报告附注；

（3）指明环境责任人履职报告的日期和涵盖的期间。

4．被审计领导干部及所在单位对环境责任人履职报告的责任段

被审计领导干部及所在单位对环境责任人履职报告的责任段应当说明，按照适用的准则和相关制度的规定编制环境责任人履职报告是被审计领导干部及所在单位的责任，这种责任包括：

（1）设计、实施和维护与环境责任人履职报告编制相关的内部控制，使环境责任人履职报告不存在由于舞弊或错误而导致的重大错报；

（2）选择和运用恰当的确定目标环境责任的政策；

（3）做出合理的评价。

5．审计人员的责任段

审计人员的责任段应当说明下列内容：

（1）审计人员的责任是在实施审计工作的基础上对环境责任人履职报告发表审计意见，并对环境责任人的履职状况进行综合评价。审计人员按照审计准则以及有关法规的规定，执行了审计工作。审计准则要求审计人员遵守职业道德规范，计划和实施审计工作，以对环境责任人履职报告是否不存在重大错报获取合理保证。

（2）审计工作涉及实施审计流程，以获取有关环境责任人履职报告信息和披露的审计证据。选择的审计流程取决于审计人员

的判断，包括对由于舞弊或错误导致的环境责任人履职报告重大错报风险的评估。在进行风险评估时，审计人员应考虑与环境责任人履职报告编制相关的内部控制，以设计恰当的审计流程，但目的并非对内部控制的有效性发表意见。审计工作还包括评价管理层选用确定目标环境责任的政策的恰当性和做出评价的合理性，以及评价环境责任人履职报告的总体列报。

（3）审计人员相信已获取的审计证据是充分、适当的，为其发表审计意见提供了基础。如果接受委托，结合环境责任人履职报告审计对内部控制有效性发表意见，审计人员应当省略本条中"但目的并非对内部控制的有效性发表意见"的术语。

6. 审计意见段

审计意见段应当说明，环境责任人履职报告是否按照适用的准则和相关制度的规定编制，是否在所有重大方面公允反映了环境责任人履行环境合规责任、环境安全责任、绩效责任、社会发展责任、环境治理责任、公平责任、内部控制责任等目标环境责任的状况。

7. 审计评价段

由于环境审计是专职从事领导干部监督的一项特殊的审计活动或行为，其目的就是通过评价领导干部受托环境责任的履行情况，以确保领导干部被授予的权力得以合理有效运用，承担的公共受托环境责任得以全面有效履行。环境审计的主要工作是通过收集被审计领导干部受托环境责任履行情况的信息，对被审计领导干部受托环境责任的履行情况做出客观公正的审计评价，其工作重心在于审计评价。因此，环境审计报告作为客观反映被审计领导干部受托环境责任履行情况公允性的鉴证报告，必须在一般审计报告的基础上增加审计评价段，以对领导干部受托环境责任的履行情况做出综合审计评价。

根据受托环境责任理论，目标环境责任的内容一般包括治理责任、经济权力控制责任、管理舞弊控制责任、效益或绩效责任、环境保护责任、社会责任、可持续发展责任和报告责任八个方面。被审计领导干部的报告责任，是以环境责任履职报告的形式予以反映，审计人员在审计意见段中已对此发表了专业审计意见。因此，在审计评价段中应当说明，环境责任人是否全面有效地履行了治理责任、经济权力控制责任、管理舞弊控制责任、效益或绩效责任、环境保护责任和可持续发展责任等目标环境责任，并依据一定的标准对环境责任人目标环境责任的履行情况做出客观公正的审计评价。

8. 审计人员的签名和盖章

在审计报告的右下方，应当由审计人员签名并盖章。

9. 审计机构的名称、地址及盖章

审计报告应当载明审计机构的名称和地址，并加盖审计机构的公章。

10. 报告日期

审计报告应当注明报告日期。审计报告的日期不应早于审计人员获取充分、适当的审计证据（包括管理层认可对环境责任人履职报告的责任且已批准环境责任人履职报告的证据），并在此基础上对环境责任人履职报告形成审计意见的日期。

## 6.2.5 环境审计报告的范例

1. 无保留意见党政领导干部环境审计报告范例

关于××市××市长的环境审计报告

××厅（局）：

按照××政府领导审定的环境审计工作计划安排，××审计厅派出审计组于××××年××月××日至××××年××月××日，对××市××市长同志进行了环境审计。我们审计了后附×××× 年××月××日的环境安全责任、环境合规责任、环境绩

111

效责任、社会发展责任、环境治理责任、公平责任以及内部控制责任履职报告，以上报告涵盖了××××年××月××日至××××年××月××日期间，××市长同志的环境责任履行状况。

按照适用的准则和相关制度的规定编制××市长环境责任履职报告，确保提供的有关领导干部环境责任履职状况相关资料的真实完整性是被审计人及其所在单位的责任。我们的责任是在实施审计工作的基础上，对环境责任人履职报告发表审计意见，并对环境责任人的履职状况进行综合评价。

我们按照《中华人民共和国国家审计准则》《党政主要领导干部和国有企业领导人员环境审计规定》，以及《××省环境审计指南》的计划和要求实施审计工作，以合理确定环境责任人的履职报告是否不存在重大错报。我们对由于舞弊或错误导致的环境责任人履职报告重大错报风险进行了评估，并对与之相关的内部控制进行了测试。审计工作还包括评价被审计单位选用确定目标环境责任的政策的恰当性和评价的合理性。我们相信，我们的审计工作为发表意见提供了合理的基础。

我们认为，以上环境责任人履职报告的编制符合有关政策文件的规定，在所有重大方面公允反映了××市××市长同志××××年××月××日至××××年××月××日期间的环境责任履行状况。

我们认为，在本次审计范围内，××市长同志履行任期环境责任总体情况好（较好、一般、差）。根据对××市财政收支及有关经济活动资料的审计情况，没有发现××市长存在重大违规违纪问题，也没有发现××同志存在个人经济问题。

附件：

附件1　××市长任职有关情况简介

附件2　环境安全责任履职报表（表1）

附件3　环境合规责任履职报表（表2）

附件 4　绩效责任履职报表（表 3）

附件 5　社会发展责任履职报表（表 4）

附件 6　环境治理责任履职报表（表 5）

附件 7　公平责任履职报表（表 6）

附件 8　内部控制责任报告（表 7）

附件 9　审计有关事项说明

××审计厅（盖章）　　　　××审计组（审计组签名、盖章）

××省××市××路××号

××××年××月××日

附件 1：

××市长任职有关情况简介

××，男，中共党员，大学文化，于××××年××月担任××、××××年××月担任××，主持××市人民政府全面工作，具体分管××、××、××工作，兼任××、××、××组长等临时职务。本次审计的范围是××同志于××××年××月××日至××××年××月××日任期期间的环境责任问题。

附件 2：

**表 1　环境安全责任履职报表**

| 环境安全责任的内容 | 环境安全责任的具体指标 | 目标值 | 实际值 | 是否达到目标 | 解释说明 |
|---|---|---|---|---|---|
| 1. 权力运行安全 | 1.1 违规金额占本级财政比率 | ≤4% | 3.7% | ↑ | |
| | 1.2 管理不规范占本级财政比率 | ≤3% | 2.4% | ↑ | |
| | 1.3 损失浪费占本级财政比率 | ≤2% | 1.8% | ↑ | |

| 环境安全责任的内容 | 环境安全责任的具体指标 | 目标值 | 实际值 | 是否达到目标 | 解释说明 |
|---|---|---|---|---|---|
| 2. 财政安全 | 2.1 财政赤字率 | ≤2% | 1.4% | ↑ | |
| 3. 金融安全 | 3.1 资本充足率 | ≥8% | 8.1% | ↑ | |
| | 3.2 不良贷款率 | ≤6% | 4% | ↑ | |
| 4. 社会环境安全 | 4.1 社会保障支出占财政支出比重 | ≥5% | 6.1% | ↑ | |
| | 4.2 本市失业率 | ≤12% | 11% | ↑ | |
| 5. 环境安全 | 5.1 环境污染治理投资占 GDP 比重 | ≥7% | 7% | ↑ | |
| | 5.2 环境污染事故造成的经济损失金额 | ≤2000 万元 | 1850 万元 | ↑ | |
| 6. 产业安全 | 6.1 外资企业在本地市场占有率 | ≤35% | 33% | ↑ | |
| | 6.2 外商企业在本地市场占有率 | ≤30% | 20% | ↑ | |
| 7. 制度与政策安全 | 7.1 制度完善率 | ≥80% | 83% | ↑ | |
| 8. 信息安全 | 8.1 信息安全事故次数 | ≤2 次 | 1 次 | ↑ | |

注：以上各履职报告中的目标值均是假设值。

附件 3：

### 表 2　环境合规责任履职表

| 环境合规责任内容 | 法律依据 | 具体项目（以下内容通过程序合规性、项目的内容合规性进行考察） | 履行情况 |
|---|---|---|---|
| 环境决策合规责任 | 《招标投标法》《城乡规划法》《土地管理法》…… | 1.1　××"两区一带"城建系列项目 | 该项目决策程序、决策内容符合法律规定；现已投资 1500 万元，资金已到位。 |
| | | 1.2　××"两湖一山"城建系列项目 | 该项目决策程序、决策内容符合法律规定；现已投资 1100 万元，明年三月开工改造。 |
| | | 1.3　××"两极一带"城建系列项目 | 该项目决策程序、决策内容符合法律规定；现已投资 1400 万元，资金已到位。 |
| | | 1.4　××"两城一带"城建系列项目 | 该项目决策程序、决策内容符合法律规定；现已投资 900 万元，对道路、城市基本建设项目进行改造。 |
| | | 1.5　本市电力设施改造项目 | 该项目决策程序、决策内容符合法律规定；500 千伏输变电纽顺利开工，总投资 700 万元。 |

| 环境合规责任内容 | 法律依据 | 具体项目（以下内容通过程序合规性、项目的内容合规性进行考察） | 履行情况 |
|---|---|---|---|
| 环境执行合规责任 | 《××省道路建设规定》……《××省"十一五"工作规划》 | 2.1 ××快速通道建设项目 | 已完成60%目标任务，将于××××年××月底完工。 |
| | | 2.2 国道3××，××界改造项目 | 已完成70%的目标任务，部分路段已恢复正常通车，提高路段车辆承载率20%。 |
| | | 2.3 ××高速ZY段建设项目 | 于××××年××月完成了该项目，项目通过验收。 |
| | | 2.4 中学、小学校舍加固建设项目 | 于××××年××月完成了该项目，项目已通过验收。 |

续表2

| 环境合规责任内容 | 法律依据 | 具体项目（以下内容通过程序合规性、项目的内容合规性进行考察） | 履行情况 |
|---|---|---|---|
| 环境监督合规责任 | 《招投标法》《城乡规划法》《土地管理法》…… | 3.1　××"两区一带"城建系列项目 | 每个项目每年定期监督两次。监督内容包括：<br>1. 项目是否按规定立项审批；<br>2. 项目是否按规定设计；<br>3. 项目是否编制概、预算；<br>4. 项目管理程序是否规范；<br>5. 建设项目是否实行公开招标；<br>6. 工程合同是否遵循招标条款；<br>7. 工程合同是否按规定支付审查；<br>8. 项目是否按规定提交审计。 |
| | | 3.2　××"两湖一山"城建系列项目 | |
| | | 3.3　××"两极一带"城建系列项目 | |
| | | 3.4　××"两城一带"城建系列项目 | |

| 环境合规责任内容 | 法律依据 | 具体项目（以下内容通过程序合规性、项目的内容合规性进行考察） | 履行情况 |
|---|---|---|---|
| 个人遵守廉政责任 | 《党内监督条例》《党员干部廉洁从政若干准则》《公务员法》…… | 4.1 禁止利用职权和职务上的影响谋取不正当利益 | 本人严格遵守，廉洁自律。从未出现《党内监督条例》《党员干部廉洁从政若干准则》《公务员法》的相关禁止行为。 |
| | | 4.2 禁止私自从事营利性活动 | |
| | | 4.3 禁止违反公共财物管理和使用的规定，假公济私、化公为私 | |
| | | 4.4 禁止违反规定选拔任用干部 | |
| | | 4.5 禁止利用职权和职务上的影响为亲属及身边工作人员谋取利益 | |

附件 4：

## 表 3　绩效责任履职报表

| 绩效责任具体内容 | 主要指标 | 目标值 | 实际值 | 是否达到目标 | 解释说明 |
|---|---|---|---|---|---|
| 1. 国民经济绩效 | 1.1　GDP 目标值及增长率 | 190 亿元 11% | 201.44 亿元 13.31% | ↑ | |
| | 1.2　招商引资目标值及增长率 | 15 亿元 20% | 16.50 亿元 29.4% | ↑ | |
| | 1.3　全社会固定资产投资额及增长率 | 40 亿元 30% | 43.21 亿元 35.69% | ↑ | |
| 2. 社会经济绩效 | 2.1　投资就业系数 | 2.85 | 3.1 | ↑ | |
| | 2.2　劳动生产率贡献度 | 11% | 11.5% | ↑ | |
| 3. 财政财务绩效 | 3.1　财政收入增长率 | 12% | 16.73% | ↑ | |
| | 3.2　财政支出增长率 | 9% | 10.25% | ↑ | |
| 4. 公共项目管理绩效 | 4.1　建设过程因素指标 | NA | NA | —— | |
| | 4.2　综合管理因素指标 | NA | NA | —— | |

　　注：投资就业系数＝年度就业人数增加量（万人）/当年公共投资项目投资额（包括直接投资＋间接投资）（万元）；劳动生产贡献度＝［（有公共项目时劳动生产率－无公共项目时劳动生产率）/有公共项目时劳动生产率］×100%；劳动生产率＝工业生产总值/全部职工人数；建设过程因素指标主要包括成本管理绩效、质量管理绩效、进度管理绩效三个方面；综合管理因素指标主要包括项目法人制度、招投标、工程监理、工程合同管理等情况。

附件 5：

#### 表 4  社会发展责任履行报表

| 社会发展责任具体内容 | 主要指标 | 目标值 | 实际值 | 是否达到目标 | 解释说明 |
|---|---|---|---|---|---|
| 1. 社会政治发展责任 | 1.1 行政机构办事效率 | 5 个工作日 | 4.5 个工作日 | ↑ | |
| 2. 社会环境发展责任 | 2.1 对贫困人口的影响效果 | 直接经济补偿 12 万/户，解决全部困难人口最低生活保障等补贴政策。 | 直接经济补偿 12.5 万/户，已解决因城建项目直接影响的困难人口最低生活保障政策。 | ↑ | |
| | 2.2 对科教卫生环境的影响效果 | 新增 3 个二乙类医院 | 新增 4 个二乙类医院 | ↑ | |
| 3. 利益相关方关系处理责任 | 3.1 社会公众满意度 | 80% | 82% | ↑ | |
| | 3.2 内部员工工作满意度 | 80% | 85% | ↑ | |
| | 3.3 招商引资企业满意度 | 85% | 88% | ↑ | |

附件 6：

#### 表 5  环境治理责任履职报表

| 环境治理责任具体内容 | 主要指标 | 目标值 | 实际值 | 是否达到目标 | 解释说明 |
|---|---|---|---|---|---|
| 1. 节能减排责任 | 1.1 万元 GDP 能耗降低率 | 4.8% | 5.1% | ↑ | |

续表5

| 环境治理责任具体内容 | 主要指标 | 目标值 | 实际值 | 是否达到目标 | 解释说明 |
|---|---|---|---|---|---|
| 2. 公共项目环境质量控制责任 | 2.1 环保设施使用效率 | 80% | 85% | ↑ | |
| | 2.2 环保制度、机构、人员配置效率 | 40% | 41% | ↑ | |
| 3. 自然资源节约及综合利用管理 | 3.1 水利资源利用指数 | 控制在4.0% | 4% | ↑ | |
| | 3.2 土地资源利用指数 | 控制在28% | 25% | ↑ | |
| | 3.3 能源利用指数 | 110% | 110% | ↑ | |
| 4. 污染控制管理 | 4.1 当地主要污染物排放量变化率 | 控制在10% | 10% | ↑ | |

注：水资源利用指数＝（经济项目上马时地区生产总值水耗/经济项目上马前地区生产总值水耗）×100%；土地资源利用指数＝经济项目上马后占用耕地面积/该项目总投资金额×100%；能源利用指数＝经济项目上马后地区生产总值能耗/经济项目上马前地区生产总值能耗×100%。

附件7：

表6 公平责任履职报表

| 公平责任内容 | 主要指标 | 目标值 | 实际值 | 是否达标 | 解释说明 |
|---|---|---|---|---|---|
| 1. 财政转移支付的公平 | 1.1 转移支付金额额度 | 1800万元 | 2000万元 | ↑ | |

| 公平责任内容 | 主要指标 | 目标值 | 实际值 | 是否达标 | 解释说明 |
|---|---|---|---|---|---|
| 2. 公共财政经费投入的公平（以教育经费为例） | 2.1 教育投入占公共财政经费的比重 | 20% | 22.5% | ↑ | |
| | 2.2 义务教育的投入占教育总投入的比重 | 30% | 32.3% | ↑ | |
| | 2.3 聋哑残疾特殊教育投入在普通教育投入的比重 | 20% | 21.4% | ↑ | |
| 3. 公共财政资金使用的公平（以社保资金为例） | 3.1 城乡居民社会保障待遇差异值 | 控制在7 500元之内 | 7 450元 | ↑ | |
| | 3.2 各类人员社会保障待遇差异值 | 控制在6 500元之内 | 5 850元 | ↑ | |
| | 3.3 地区之间社会保障待遇差异值 | 控制在2 500元之内 | 2 400元 | ↑ | |
| 4. 公共财政资金分配的公平（以收入分配为例） | 4.1 各级员工工资收入分配差异值 | 控制在3 500元之内 | 3 000元 | ↑ | |
| | 4.2 各部门员工收入分配差异值 | 控制在3 300元之内 | 3 200元 | ↑ | |
| | 4.3 各地区员工收入分配差异值 | 控制在3 000元之内 | 3 000元 | ↑ | |

附件 8：

## 表 7　内部控制责任报告

| | | |
|---|---|---|
| **第一部分：责任声明** | | ××市委办公室负责本级政府投资项目内部控制体系的建立健全及有效实施；各政府部门负责本部门内控以及相关项目内部控制体系的建立健全及有效实施；××市市长有责任监督本级政府投资项目以及各政府部门重大项目的内部控制有效实施情况。 |
| **第二部分：内部控制简要描述** | 1. 内控环境 | 本级政府建立了分工合理、权责明确、相互制约的政府机构，形成了良好的内部控制环境。 |
| | 2. 风险评估 | 根据中央和省委的要求，调整经济增长方式，淘汰落后产能，建立新型工业园区。推进服务型政府、责任型政府改革，为提高行政效率打好基础。 |
| | 3. 控制活动 | 在政府债务方面，修订《××市政府债务管理办法》，提高政府债务使用效率，防范和化解政府债务风险；在行政服务方面，出台《××市办事服务暂行办法》，提高面向公民、面向企业的办事效率，创造良好的服务环境；在基础设施建设方面，出台《××市城市基础设施建设项目招商引资优惠政策》，加快老城区改造以及新区建设。 |
| | 4. 信息与沟通 | ××市政府部门网站对政府公开、办事服务、投资本市等相关信息以及重大事件进行及时公布。 |
| | 5. 内部监督 | 本市建立了以市长为负责人的内部控制监督小组，对本级政府投资建设项目内部控制的建立与实施情况进行监督检查，评价内部控制的有效性，发现内部控制缺陷，并及时加以改进。 |
| **第三部分：内部控制自我评价综合结论** | | 市政府投资项目内部控制设计基本完善，设计和执行方面不存在重大缺陷，但仍然需要进一步改进和完善。 |

附件 9：审计有关事项说明（略）

## 2. 保留意见党政领导干部环境审计报告范例

### 关于××市××市长的环境审计报告

××厅（局）：

按照××政府领导审定的环境审计工作计划安排，××审计厅派出审计组于××××年××月××日至××××年××月××日，对××市××市长同志进行了环境审计。我们审计了后附×××年××月××日的环境责任履职报告，以上报告涵盖了××××年××月××日至××××年××月××日期间，××市长同志的环境责任履行状况。

按照适用的准则和相关制度的规定编制××市长环境责任履职报告，确保提供的有关领导干部环境责任履职状况相关资料的真实完整性是被审计人及其所在单位的责任，我们的责任是在实施审计工作的基础上对环境责任人履职报告发表审计意见并对环境责任人的履职状况进行综合评价。

除下段所述事项外，我们按照《中华人民共和国国家审计准则》《党政主要领导干部和国有企业领导人员环境审计规定》，以及《××省环境审计指南》的计划和要求实施审计工作，以合理确定环境责任人的履职报告是否不存在重大错报。我们对由于舞弊或错误导致的环境责任人履职报告重大错报风险进行了评估，并对与之相关的内部控制进行了测试，审计工作还包括评价被审计单位选用确定目标环境责任的政策的恰当性和评价的合理性。我们相信，我们的审计工作为发表意见提供了合理的基础。

被审计单位××市政府××市长分管的××城乡环境建设项目的补贴支出金额无法得以准确核实，该项目支出额占财政补贴支出总额的10％，由于我们无法通过其他审计程序，以获取充分、适当的审计证据。

　　我们认为，除了未能实施恰当的审计程序以准确核实该项补贴金额所可能产生影响外，上述环境责任人履职报告的编制符合有关政策文件的规定，在所有重大方面公允反映了××市××市长同志××××年××月××日至××××年××月××日期间的环境责任履行状况。

　　我们认为，在本次审计范围内，××市长同志履行任期环境责任总体情况较好（好、一般、差）。根据对××市财政收支及有关经济活动资料的审计情况，没有发现××市长存在重大违规违纪问题，也没有发现××同志存在个人经济问题。

　　附件：

　　附件 1　××市长任职有关情况简介

　　附件 2　环境责任履行报告

　　附件 3　审计有关事项说明


　　××审计厅（盖章）　　　　××审计组（审计组签名、盖章）

　　××省××市××路××号

　　　　　　　　　　　　　　××××年××月××日


## 3. 否定意见党政领导干部环境审计报告范例

### 关于××市××市长的环境审计报告

　　××厅（局）：

　　按照××政府领导审定的环境审计工作计划安排，××审计厅派出审计组于××××年××月××日至××××年××月××日，对××市××市长同志进行了环境审计。我们审计了后附××××年××月××日的环境责任履职报告，以上报告涵盖了×××年××月××日至××××年××月××日期间，××市长同志的环境责任履行状况。

　　按照适用的准则和相关制度的规定编制××市长环境责任履

职报告，确保提供的有关领导干部环境责任履职状况相关资料的真实完整性是被审计人及其所在单位的责任。我们的责任是在实施审计工作的基础上，对环境责任人履职报告发表审计意见，并对环境责任人的履职状况进行综合评价。

我们按照《中华人民共和国国家审计准则》《党政主要领导干部和国有企业领导人员环境审计规定》，以及《××省环境审计指南》的计划和要求实施审计工作，以合理确定环境责任人的履职报告是否不存在重大错报。我们对由于舞弊或错误导致的环境责任人履职报告重大错报风险进行了评估，并对与之相关的内部控制进行了测试，审计工作还包括评价被审计单位选用确定目标环境责任的政策的恰当性和评价的合理性。我们相信，我们的审计工作为发表意见提供了合理的基础。

被审计单位××市政府××市长所提供的环境责任履职报告，虚列环境项目财政支出××万元、隐瞒××项目、××项目等重大投资项目决策有关事宜，涉及金额××亿元，决策执行过程存在××等问题，并造成国有资产损失浪费××亿元、提供虚假预算报告以及虚假××招商引资合同。

我们认为，由于上述问题造成的重大影响，上述环境责任人履职报告的编制不符合有关政策文件的规定，未能公允反映了××市××市长同志××××年××月××日至××××年××月××日期间的环境责任履行状况。

我们认为，在本次审计范围内，××市长同志履行任期环境责任总体情况差（好、较好、一般、差）。根据对××市财政收支及有关经济活动资料的审计情况，发现××市长存在××、××以及重大违规违纪问题，并发现××同志存在个人经济问题。

对于审计发现的××、××，以及××等问题，审计厅将专题上报××政府；对于审计发现的××、××，以及××等问题，将移送××、××，以及××等部门处理。

附件：

附件1　××市长任职有关情况简介

附件2　环境责任履行报告

附件3　审计有关事项说明

××审计厅（盖章）　　　　××审计组（审计组签名、盖章）

××省××市××路××号

××××年××月××日

## 4. 无法表示意见党政领导干部环境审计报告范例

### 关于××市××市长的环境审计报告

××厅（局）：

按照××政府领导审定的环境审计工作计划安排，××审计厅派出审计组于××××年××月××日至××××年××月××日，对××市××市长同志进行了环境审计。我们审计了后附××××年××月××日的环境责任履职报告，以上报告涵盖了××××年××月××日至××××年××月××日期间，××市长同志的环境责任履行状况。

按照适用的准则和相关制度的规定编制××市长环境责任履职报告，确保提供的有关领导干部环境责任履职状况相关资料的真实完整性是被审计人及其所在单位的责任。

被审计单位所提供的环境责任履职报告，虚列环境项目财政支出××万元、隐瞒××项目、××项目等多项重大投资项目决策有关事宜，提供大量虚假招商引资、项目建设合同，履职报告中大量所列事项的原始资料不详，我们无法实施替代审计程序以对上述事项获得充分、适当的审计程序。

由于审计范围受到限制，可能产生的影响非常重大和广泛，我们无法对上述环境责任人履职报告发表意见，也无法对环境责任人的履职状况进行综合评价。

附件：

附件 1　××市长任职有关情况简介

附件 2　环境责任履行报告

附件 3　审计有关事项说明

××审计厅（盖章）　　　　××审计组（审计组签名、盖章）

××省××市××路××号

××××年××月××日

## 6.2.6　环境审计报告的签发及审核程序

规范合理的程序对于环境审计报告的签发及审核而言具有非常重要的意义，只有保证了程序的规范合理，才能确保环境审计报告的真实公允。一般而言，环境审计报告的签发及审核需要经过：提交审计报告（征求意见稿）、部门复核、审计报告征求意见、拟写审计文书、专职机构审理、审计文书的审定和签发、审计文书的报送、审计文书的复查及复核等程序。

1. 提交审计报告（征求意见稿）

审计组在完成既定的审计工作后，应该按照有关政策法规的要求认真及时地撰写审计报告（征求意见稿），在规定的时间内向审计机关提交审计报告（征求意见稿），并且就每位被审计领导干部分别提交审计报告（征求意见稿）。审计报告（征求意见稿）应该遵循标准化格式，还应包括附件资料等审计证据，以备有关部门复查。

2. 部门复核

在审计组提交审计报告以后，审计机关的专职复核人员或部门负责人应该按照《中华人民共和国国家审计准则》《党政主要领导干部和国有企业领导人员环境审计规定》，以及《××省环境审计指南》的有关要求进行复核，提出复核意见，并要求审计组做好审计报告的修改、补充及完善工作。

3. 审计报告征求意见

审计组按照复核人员的意见对审计报告进行修改、完善后，仍需再次提交部门负责人进行复核，复核无误后由审计机关正式出具审计报告征求意见书，向被审计领导干部及其所在单位征求意见，必要时还可向联席会议有关单位及政府领导征求意见。

4. 拟写审计文书

审计组根据征求的意见对审计报告进行必要的修改以后，应该草拟审计报告、审计结果报告、审计处理处罚决定等文书，然后报请部门负责人审核，并根据审核后的意见进行必要的修改和完善。

5. 专职机构审理

审计机关业务部门应该将审核好的审计报告、审计结果报告、审计处理处罚决定书，以及审计报告征求意见书等相关审计项目资料，报送至专职机构进行审理。审理机构按照有关的规定完成审理工作后，要对有关资料提出审理意见、出具审理意见书，审计机关业务部门根据审理意见对有关的资料进行修改完善。

6. 审计文书的审定和签发

环境审计报告、审计结果报告等审计文书在经历过审理以后，需要审计机关召开专门会议予以审定。审计机关通过会议确定审计报告等审计文书没有问题后，由审计机关负责人签发。审计文书在签发时，需要加盖审计机关的公章。

7. 审计文书的报送

环境审计报告等文书以审计机关的名义签发之后，要送达被审计领导干部及其单位，并报送联席会议等有关部门，做出的审计移送处理书要送达纪检监察、组织人事等有关部门。

8. 审计文书的复查及复核

被审计领导干部对审计机关出具的环境审计报告中的评价意见、违规问题的定性、处罚决定等有异议的，可以在规定的时间内向审计机关申请复查。审计机关确认其理由充分的，应当组成复查小组对有异议的部分予以复查。被审计领导干部对审计机关的复查决定仍然持有异议的，可以在规定的时间内向上一级审计机关申请复核。对最高审计机关复查决定持有异议的，可以向国务院有关部门申请复核（如图 6—1 所示）。

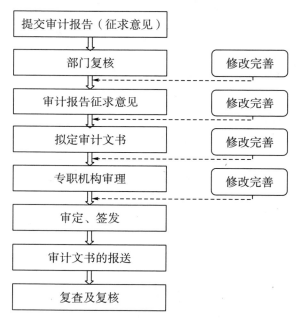

图 6—1　环境审计报告签发及审核流程图

# 6.3　环境审计报告的价值分析

## 6.3.1　强化权力监控

1. 权力监控的需求

党的十七大报告指出，"完善制约和监督机制，保证人民赋予的权力始终用来为人民谋利益。确保权力正确行使，必须让权力在阳光下运行……重点加强对领导干部特别是主要领导干部、人财物管理使用、关键岗位的监督，健全质询、问责、环境审计、引咎辞职、罢免等制度"。而 2006 修订的《中华人民共和国审计法》（简称《审计法》）则明确指出，"审计机关按照国家有关规定，对国家机关和依法属于审计机关审计监督对象的其他单位的主要负责人，在任职期间对本地区、本部门或者本单位的财政收支、财务收支，以及有关经济活动应负环境责任的履行情况，进行审计监督"。

审计在本质上是一种特殊的经济控制，目的是保证和促进受托环境责任得到全面有效的履行。受托环境责任与经济权力是对称的，经济权力是委托人授予受托人对受托经济资源的控制权力，履行受托环境责任的过程也就是受托人运用被授予的经济权力的过程。因此，审计对经济权力进行控制是全面有效履行受托环境责任的内在要求。而环境审计是专职从事领导干部监督的一项特殊的审计活动或行为，是党和国家以法律、法规的形式赋予审计机关的一项法定职责，是利用审计机关的专业优势和特长加强领导干部监督、管理的重要手段，其目的就是通过评价领导干部环境责任的履行情况，以确保领导干部被授予的权力得以合理、有效运用，其应承担的公共受托环境责任得以全面有效履行。

2. 环境审计报告在强化权力监控中的作用

审计人员依据国家的法律法规，遵循规范的审计程序，通过对领导干部任期内应承担的环境合规责任、环境安全责任、绩效责任、社会发展责任、环境治理责任、公平责任、内部控制责任等责任的履行情况，进行科学合理的审计评价，能够客观、公正地对领导干部的履职状况和实际业绩做出评价。环境审计报告是环境审计工作成果的最终体现，能够客观、真实地反映对领导干部受托环境责任的履职情况，能够有效避免对领导干部评价过程中的过于随意等问题。审计人员对于发现及查出的被审计领导干部及其单位存在的问题，通过深入分析各种违法违规问题产生的深层性原因，认真思考导致此类问题的制度性因素，仔细寻找权力运行中的漏洞，并在环境审计报告中予以客观地揭示出来。这样就能够帮助被审计单位进一步完善各项规章制度，进一步理顺权力运行中各个环节的关系及潜在的问题，从而防止公共经济权力异化为谋取私利的工具，更好地预防和惩治腐败行为。审计机关通过建立科学、规范的环境审计结果公告制度，将领导干部环境责任的履行情况向社会公众予以公告，可以借助社会监督的力量，进一步对领导干部的经济权力予以监督和制约。

## 6.3.2 完善民主政治

1. 国家法规对完善民主政治监督的要求

完善民主监督制度、保障公民的知情权、实现公民有序参政议政，对于促进社会主义政治制度的自我完善与发展，实现我国特色的社会主义民主，建设中国特色的社会主义市场经济都具有十分积极的促进作用。《国民经济和社会发展第十二个五年规划》中提出，"健全民主制度，丰富民主形式，拓宽民主渠道，依法实行民主选举、民主决策、民主管理、民主监督，保障人民的知情权、参与权、表达权、监督权……坚持标本兼治、综合治理、惩防并举、注重预防的方针，以完善惩治和预防腐败体系为重点，加强反腐倡廉建设，严格执行廉政建设责任制……建立健全决策权、执行权、监督权既相互制约又相互协调的权力结构和运行机制，积极推进政务公开和环境审计，加强对权力运行的制约和监督。"

2007年6月25日，中共中央总书记胡锦涛在中央党校省部级干部进修班发表重要讲话，强调要健全民主制度，丰富民主形式，拓宽民主渠道；推进决策科学化、民主化，完善决策信息和智力支持系统；各级党委要充分认识反腐败斗争的长期性、艰巨性、复杂性，坚持标本兼治、综合治理、惩防并举、注重预防的方针，建立健全教育、制度、监督并重的惩治和预防腐败体系，更加注重治本，更加注重预防，更加注重制度建设，加强领导干部廉洁自律工作，坚决查办违纪违法案件。

2. 环境审计报告在完善民主政治中的作用

国家机关、事业单位领导干部等履行受托环境责任的过程，实际上就是其运用权力经管受托经济资源的过程；对国家机关、事业单位领导干部等进行环境审计，实质上就是对其权力运用情况的监督和制约。

强化对权力的监督与制约，完善领导干部选拔任用和考核管理制度，是促进我国民主政治进程的重大举措。民主政治的先进性集中体现在领导者的权力运用是否置于人民监控之下，是否对领导者的权力运用已建立有效的监督与约束机制。由此可见，环境审计不仅仅是一种审计监督形式，而且肩负着强化对权力的监督与制约、完善领导干部选拔任用和考核管理制度、促进民主政治发展的重任。环境审计密切联系着治国安邦之大计，牵系国家政治、经济和社会方方面面的发展，而环境审计报告作为领导干部环境审计最终成果的展现形式，在完善民主政治监督制度中必将发挥十分重要的作用。

## 6.3.3　提升执政能力

1. 加强党执政能力建设的必要性

在当今日益复杂的国际形势下，为使我国在日益激烈的国际竞争中拥有更多的话语权和主动权，在各项国际事务中维护我国的国家利益，必须加强我党的执政能力建设。面对新的形势，我党肩负着全面建设小康社会、实现中华民族的伟大复兴、维护世界和平发展的历史重任。然而小康社会的建设、民族的复兴以及世界和平的维护谈何容易，这都需要我党为之付出艰辛的努力。具体到广大党员自身，在当前的形势下又面临着拒腐防变的考验，由于我们长期处于不断改革的进程中，政府对市场经济的干预还比较严重，广大的领导干部通过手中的权力还掌握着大量的资源，面临着被权力腐蚀的危险，因此，必须不断加强党的执政能力建设。

党的十七大报告指出，"必须把党的执政能力建设和先进性建设作为主线，坚持党要管党、从严治党，贯彻为民、务实、清廉的要求。以坚定理想信念为重点加强思想建设，以造就高素质党员、干部队伍为重点，加强组织建设；以保持党同人民群众的血肉联系为重点，加强作风建设；以健全民主集中制为重点，加强制度建设；以完善惩治和预防腐败体系为重点，加强反腐倡廉建设。使党始终成为立党为公、执政为民，求真务实、改革创新，艰苦奋斗、清正廉洁，富有活力、团结和谐的马克思主义执政党"。

2. 环境审计报告在加强党的执政能力建设中的作用

温家宝曾指出，"开展环境审计工作，对于健全领导干部监督管理体制，加强党风廉政建设，提高党的执政能力，推进依法行政具有重要意义"。通过环境审计工作的开展，可以对领导干部任期内"贯彻落实科学发展观，推动经济社会科学发展情况；遵守有关经济法律法规、贯彻执行党和国家有关经济工作的方针政策和决策部署情况；制定和执行重大环境决策情况；与领导干部履行环境责任有关的管理、决策等活动的经济效益、社会效益和环境效益情况；遵守有关廉洁从政规定情况"等进行客观公正地评价，为有关部门考核、评价领导干部提供依据。同时，通过环境审计，亦可及时发现领导干部在履职过程中存在的问题，有利于及时纠正其存在的问题，不断提升其执政能力和执政水平。

审计人员对于在环境审计中发现的具有倾向性、普遍性的问题，可以在环境审计报告中以审计建议的形式揭示出来，帮助被审计单位完善其制度或管理方面存在的漏洞，从而减少或防止此类问题的再度发生。审计人员通过对广大领导干部遵守有关廉洁从政规定情况的审计和评价，联合纪检部门对发现的问题予以及时处理，对存有问题的领导干部进行必要的处理或处罚，有助于惩处、警示和预防腐败，有助于深入开展党风廉政建设。

### 6.3.4 维护环境安全

1. 环境审计维护环境安全的有关要求

环境审计是国家环境安全保障体系中的重要组成部分，对于维护国家环境安全运行具有重要的作用。温家宝曾经指出，"审计要维护国家环境安全。通过审计及时发现和反映经济运行中存在的风险，当前尤其要重视防范财政和金融风险"。2008年，刘家义审计长在全国审计工作会议上明确提出，"未来五年，审计署的首要任务是维护国家环境安全"，2010年又再次强调，"'十二五'期间审计工作的主要任务包括充分揭示和反映经济社会运行中的突出问题、深层次矛盾和潜在风险，全力维护国家环境安全"。

中共中央办公厅和国务院办公厅在2010年联合发布的《党政主要领导干部和国有企业领导人员环境审计规定》中，对国有企业领导人员环境审计的主要内容做出了规定，即"本企业财务收支的真实、合法和效益情况；有关内部控制制度的建立和执行情况；履行国有资产出资人经济管理和监督职责情况"。针对国有企业的环境审计工作，刘家义审计长曾指出，"揭露决策失误、管理不善导致国有资产流失问题，严肃查处侵占国有资产行为，维护国有资产安全，促进企业深化改革和转变发展方式"。

2. 环境审计报告在维护环境安全中的作用

我们将国家环境安全的内容细分为金融安全、财政安全、产业安全等。领导干部在维护金融安全、财政安全、产业安全等方面发挥着至关重要的作用。领导干部恪尽职守、积极履职能够在一定程度上降低国家环境安全运行的风险，能够把人民托付的公共资源利用好，能够有效促进国家经济安全稳健地运行；而如果领导干部不履职、不正确履职或消极履职，这就有可能造成国有资产的严重流失，并且可能会给金融安全、财政安全以及产业安全带来严重的影响。因此，加强领导干部的监督管理、科学评价领导干部的履职情况，对维护国家环境安全具有非常重要的意义。对领导干部开展环境审计，有利于科学评价领导干部的履职情况，能够合理评价领导干部任期内遵循国家法律法规，以及重大环境决策的情况，制定和执行金融安全、财政安全以及产业安全有关政策的情况，能够恰当认定领导干部在维护国家环境安全中所发挥的具体作用，并能够界定领导干部遵守廉洁从业的有关情况。审计人员在环境审计报告中把领导干部的履职情况全面反映出来，并对领导干部的履职状况做出客观的审计评价，对审计发现的国家环境安全运行中存在的问题揭示出来，并据此提出针对性的审计建议，有助于提升领导干部维护国家环境安全的能力，有助于促进国家经济安全、稳健地运行。

# 6.4 环境审计报告的结果运用

## 6.4.1 干部考核、选拔、调整和聘任的重要依据

环境审计能否发挥应有的作用关键在于环境审计报告的结果能否得以运用、审计中发现的问题能否得到解决、做出的审计处理处罚决定能否得以切实有效地执行。如果审计结果不能够得以

运用，那么环境审计的价值就会大幅缩水，审计人员的积极性也会受到严重挫伤。环境审计最大的特点就是针对"人"的审计，主要是拥有一定级别、掌握一定资源的领导干部，环境审计凭借审计所特有的独立性、权威性、客观性等特点，可以使其审计报告结果作为领导干部考核、选拔、调整和聘任的重要依据。

第一，环境审计报告具有独立性特点。环境审计是由国家审计机关开展的针对领导干部受托环境责任履行情况进行的审计活动。审计机关对被审计单位来讲具有非常高的独立性，因为它是受各级政府的委托开展工作的，其经费来源主要是由各级政府保障，所以审计机关在经费来源、人员配备、组织关系方面等具有高度的独立性，可以站在第三方的立场客观评价被审计领导干部受托环境责任的履行情况。第二，环境审计报告具有权威性的特点。环境审计是由国家审计机关所开展的工作，环境审计报告是以政府公文的形式报送给被审计领导干部及其所在单位以及有关部门的，它是以政府的行政权作为保障的，审计结果必须得到强制执行，从而使其具有非常高的权威性。第三，环境审计报告具有客观性的特点。环境审计要对领导干部所履行的环境合规责任、环境安全责任、绩效责任、社会发展责任、环境治理责任、公平责任、内部控制责任等情况进行审计评价。环境审计报告中在对以上责任进行评价、形成审计结论、提出审计建议时，所依据的审计证据都是客观存在的，有大量的经济活动与行政管理活动事实作为支撑，从而使其审计结论具有较高的可靠性和较强的说服力。环境审计报告所具有的独立性、权威性和客观性等特点使其较其他领导干部考察资料而言具有天然的优势，因而可以作为领导干部考核、选拔、调整和聘任的重要依据。

在实践中，我国现有的法律法规已经把环境审计结果作为考核、评价、任免、奖惩领导干部的重要依据。如《党政主要领导干部和国有企业领导人员环境审计规定》第三十九条指出，"有关部门和单位应当根据干部管理监督的相关要求运用环境审计结果，将其作为考核、任免、奖惩被审计领导干部的重要依据，并以适当方式将审计结果运用情况反馈审计机关。环境审计结果报告应当归入被审计领导干部本人档案"；青岛市《关于建立领导干部任期环境审计制度的通知》中指出，"各级干部管理和监督部门要重视发挥干部任期环境审计在干部使用和监督管理中的作用，把审计结果作为实事求是、客观公正认定干部实绩和环境责任的一项重要内容。对工作业绩突出的，要按规定给予表彰奖励或根据工作需要提拔使用；对存在一般性问题的，要进行谈话教育，打招呼、敲警钟；对问题较多的，要视情况予以诫勉，诫勉期限为一年，连续两次诫勉仍没有改进的，免去领导职务；对问题严重的，要分别采取降级降职、免职、辞退等组织措施；对严重违纪的，由纪检监察机关立案查处，触犯刑律的，移交司法机关依法惩处"。

## 6.4.2　纪委、监察党纪政纪处分的依据

环境审计报告通过客观反映被审计领导干部目标环境责任的履职情况，在合理界定单位责任和个人责任、前任责任和本任责任、直接责任、主管责任和领导责任的基础上，所发现的被审计领导干部存在的问题、形成的审计结论等可以作为纪委、监察党纪政纪处分的依据。如何科学合理地界定被审计领导干部的责任，是实施纪委、监察党纪政纪处分的前提条件。因此，在实施环境审计工作中，尤其要注意合理区分、科学界定被审计领导干部的单位责任和个人责任、前任责任和本人责任、直接责任、主管责任和领导责任。

在现有的法规中，对被审计领导干部的直接责任、主管责任和领导责任做出了原则性的规定。如《党政主要领导干部和国有企业领导人员环境审计规定》中第三十五条指出，"直接责任，

是指领导干部对履行环境责任过程中的下列行为应当承担的责任：直接违反法律法规、国家有关规定和单位内部管理规定的行为；授意、指使、强令、纵容、包庇下属人员违反法律法规、国家有关规定和单位内部管理规定的行为；未经民主决策、相关会议讨论而直接决定、批准、组织实施重大经济事项，并造成重大经济损失浪费、国有资产（资金、资源）流失等严重后果的行为；主持相关会议讨论或者以其他方式研究，但是在多数人不同意的情况下直接决定、批准、组织实施重大经济事项，由于决策不当或者决策失误造成重大经济损失浪费、国有资产（资金、资源）流失等严重后果的行为；其他应当承担直接责任的行为"。第三十六条指出，"主管责任，是指除直接责任外，领导干部对其直接分管的工作不履行或者不正确履行环境责任的行为；主持相关会议讨论或者以其他方式研究，并且在多数人不同意的情况下决定、批准、组织实施重大经济事项，由于决策不当或者决策失误造成重大经济损失浪费、国有资产（资金、资源）流失等严重后果的行为"。第三十七条指出，"领导责任，是指除直接责任和主管责任外，领导干部对其不履行或者不正确履行环境责任的其他行为应当承担的责任"。

由此可见，以上有关领导责任的划分涉及程序合法和结果合法，对于责任的认定主要是依据是否违反了国家的有关法律法规、是否造成了经济损失和浪费。然而，此处关于责任的界定和划分主要适用于发生不利情况，如果被审计单位取得了较大的业绩、获得了巨大的成就，那么又该如何界定相关的责任呢？有关单位责任和个人责任的划分在实践中依然是一大难题，往往是被审计单位取得的业绩归功于自己，出现的问题归咎于单位。前任责任和本任责任的划分在操作中也存在一定的困难，比如前任领导做出的某项投资决策，在本期给本地区的经济发展带来了不良的影响，由于影响的程度难以准确测度，那么该项责任到底是前任责任还是本任责任？又分别该承担多少呢？以上问题都涉及被审计领导干部的目标环境责任确定的问题，如果此问题得以很好解决，那么环境审计报告中所反映的被审计领导干部履职中出现的问题、得出的审计结论、做出的审计决定，就可以直接作为纪委、监察党纪政纪处分的依据，并且免受诸多质疑。

### 6.4.3 领导干部解除受托环境责任的依据

环境审计报告通过客观反映被审计领导干部任期内受托环境责任的全面履行情况，并进行综合审计评价，依此可以作为领导干部解除或者确认其受托环境责任的依据。一般而言，领导干部在其任期即将到期时或者在进行年度考核时，要编制环境责任履职报告，就其受托环境责任的履行情况向受托人汇报。然而，被审计领导干部及其所在单位编制的环境责任履职报告的真实公允性往往难以得到有效保障，履职报告中往往会虚夸被审计领导干部所取得的成绩，隐瞒或者遗漏被审计领导干部的失职情况。审计机关作为独立的第三方，根据国家的有关法律法规以及审计准则的有关规定，对被审计领导干部履职报告的真实公允性发表独立审计意见，对被审计领导干部环境责任的履行情况进行客观公正的审计评价，可以摸清被审计领导干部受托环境责任的真实履行情况。此外，审计机关作为国家行政机关的一个部门，其开展的环境审计是依据我国的法律进行的，出具的环境审计报告具有法律效力。因此，审计机关出具的环境审计报告可以作为领导干部解除受托环境责任的依据。

环境审计报告作为领导干部解除受托环境责任依据的同时，有利于帮助领导干部树立个人形象，形成"干部声誉"。好的领导干部经过环境审计以后，可以使党和政府、社会公众对其更加信任，也会赋予其更多权力、掌握更多的资源、承担更大的责任。领导干部的"干部声誉"可以对地区经济发展、社会稳定等产生积极的作用。首先，"干部声誉"可以帮助该地区在招商引资中获得巨大的成功。有些投资者在对某地进行投资考察、选择投资项目时，一方面是看该地区的经济发展水平、税收优惠政策以及其他招商引资扶持政策等，另一方面就是看该地区领导干部执政能力、管理水平以及个人素质等，甚至有的投资者在很大程度上就是冲着某位领导干部来的，相信该地区在该领导干部的带领下，经济能够取得较大的发展，投资项目亦将获得巨大的成功。其次，"干部声誉"有助于维持社会稳定。好的领导干部在人民群众中拥有一定的威信，是人民的公仆、群众的知心人，能够想群众之所想、急群众之所急，总是能把老百姓的事情记在心上，能够切实做到"权为民所用、情为民所系、利为民所谋"，老百姓也愿意与好干部交朋友，这种鱼水交融的干群关系，有助于化解各类社会矛盾，有助于及时解决出现的各类问题，从而有利于社会的稳定。

总之，环境审计报告作为领导干部受托环境责任履职情况的鉴证，有助于客观评价领导干部受托责任的履行情况，有助于树立领导干部的个人形象，可以作为领导干部解除或确认受托环境责任的依据。

## 6.4.4　国有资产监督的参考依据

### 1. 相关的法规依据

《中华人民共和国企业国有资产法》第六十五条规定，"国务院和地方人民政府审计机关依照《中华人民共和国审计法》的规定，对国有资本经营预算的执行情况和属于审计监督对象的国家出资企业进行审计监督"；第二十八条规定，"国有独资企业、国有独资公司和国有资本控股公司的主要负责人，应当接受依法进行的任期环境审计"。《中央企业环境审计管理暂行办法》第七条规定，"根据出资人财务监督工作需要，对企业发生重大财务异常情况，如企业发生债务危机、长期经营亏损、资产质量较差，以及合并分立、破产关闭等重大经济事件的，应当组织进行专项环境审计，及时发现问题，明确环境责任，纠正违法违规行为"；第二十条规定，"企业环境审计要认真检查企业负责人及企业执行国家有关法律法规情况，核实企业负责人及企业有无违反国家财经法纪，以权谋私，贪污、挪用、私分公款，转移国家资财，行贿受贿和挥霍浪费等行为，以及弄虚作假、骗取荣誉和蓄意编制虚假会计信息等重大问题"。由此可见，针对国有及国有控股企业开展审计监督是法律赋予审计机关的神圣职责，当企业进行改制、转让、合并、破产等重大事项，以及发生重要财务危机时，审计机关都要对国有及国有控股企业的主要负责人进行专项环境审计，以合理评价主要负责人的履职情况，防止国有资产的损失浪费，维护国有资产的安全完整。

2. 环境审计结果的作用及运用

环境审计结果在帮助企业落实整改问题、提升管理水平、完善管理制度方面具有重要的作用。科学利用环境审计结果可以更好地加强对国有资产的监督管理。首先，环境审计结果运用得当有助于企业积极落实整改问题。有关部门根据环境审计中发现的问题，依据相关的审计建议，要求被审计单位积极整改、限期整改，落实整改责任，并要求被审计单位及时汇报整改的情况，有助于减少或者挽回造成的国有资产损失。其次，环境审计结果运用得当则有助于提升企业的管理水平。国资委等有关部门将环境审计结果作为国有企业主要负责人考核、奖惩以及任免的依据，有利于国有企业负责人规范自身的决策行为、能够使其自觉遵守各项规章制度、积极提升管理水平，避免由于决策失误可能给国有企业带来的损失浪费等情况的发生。再次，环境审计结果运用得当，还可以帮助被审计单位完善经营管理制度、健全国有资产监管体系。通过环境审计可以发现国有企业在经营管理中可能存在的共性问题，审计人员对此类问题进行深入分析，以审计建议的形式提出之后，可以帮助被审计单位从制度上、机制上、源头上解决此类问题。依此类推，环境审计可以帮助国有企业全面深入思考其经营管理制度方面存在的问题，并通过建立健全经营管理制度、完善有关的内部控制制度，实施全面风险管理，还可以帮助国有企业降低经营风险，维护国有资产的安全完整。最后，环境审计结果运用得当还有助于发挥群众的监督力量，维护企业的和谐稳定。有关部门把对企业负责人环境审计的结果予以适当的形式进行公布后，有助于企业职工了解企业负责人受托环境责任的履职情况，发挥群众的监督作用，调动群众的积极性，从而更广泛地发挥对国有资产的监督管理作用。

## 6.5　环境审计结果公告制度的构建

### 6.5.1　环境审计结果公告的理论分析

环境审计结果公告，是指政府或者国家审计机关依据国家的有关规定，主动或者根据有关申请向社会公开，或者通过其他方式使各参与方、有关单位以及社会公众等利益相关者，知晓审计机关对被审计领导干部受托环境责任履行情况审计结果的一种制度安排。环境审计结果公告的义务主体主要是国家审计机关，权利主体主要是社会公众，结果公告主要采取主动向社会公开的形式。从目前来看，我国还没有针对环境审计公告制定或者出台专门的法规，致使在实践中，关于环境审计结果要不要公告、应该公告哪些内容、应该在多大范围内公告、公告应该遵循何种程序等基本问题还存有很大争议。本部分以公共受托责任观为理论基础，从推进民主法治建设、加强审计监督、提高审计质量的角度，对环境审计结果公告的动因进行阐述。

1. 公共受托责任观与环境审计结果公告

根据公共受托责任关系理论，如果所有者将与公共资金、公共资源和公共资财相关的公共权力托付给经管者，在委托者与受托者之间便存在一种委托与被委托的公共受托责任关系①。依据公共受托责任关系理论，社会公众与政府之间存在这样一种典型的委托代理关系，即社会公众作为委托人将公共资源及相关的公共权力委托给政府行使，政府根据契约依法、合理地使用其被授予的公共权力，并且依据特定的要求向社会公众报告公共资源及公共权力的使用情况②。在此委托代理关系中，社会公众是委托人，享有监督权，并根据政府的履职情况决定是否继续授予政府行使相关权力；政府是受托人，政府要根据委托人的意愿合理运用被授予的权力，积极寻求委托人利益的最大化，并承担行为责任和报告责任。

然而，政府的权力实际上是由部门管理人员行使的，政府把社会公众所授予的权力又以契约的形式委托给各级部门管理人员行使，这就出现了所谓的双重委托代理关系或者多重委托代理关系，所以部门管理人员既要对社会公众负责又要对政府负责。从理论上讲，部门管理人员首先应该代表社会公众的利益，其次代表政府的利益，然后才是代表其自身的利益。如果部门管理人员能够恪尽职守、积极履职，那么就能够实现委托人利益的最大化，同时部门管理人员也能够获得依契约而定的报酬。实际上，由于信息不对称所导致的契约的不完整或不完美，有时效果不好。

因此，客观上需要一个能够代表社会公众利益的公共部门来

---

① 宋夏云. 国家审计目标的理论分析及调查证据 [J]. 审计与经济研究，2007 (6)：12—15.

② 李明，朱荣. 国家审计目标定位及实现机制初探 [J]. 中国审计，2012 (7)：37—38.

行使对部门管理人员监督的职责，由于国家审计机关所具有的独立性、专业性、权威性、客观性等特点，使其在监督官员履职方面具有天然优势，能够发挥监督的集约效应，减少监督成本，并且能够保证监督的效率和效果。

我国的审计机关是唯一专门负责环境监督职能、并由宪法明确赋予环境监督权的机构，它处于一个较高层次，可以对其他权力监督机关实施再监督，由于当前公共权力的滥用较多地以贪污腐败的形式表现出来，审计手段的独特性使审计监督能够在经济案件的查处中发挥巨大的作用，可以从源头上防止权力的滥用[①]。因此，国家审计机关通过对公共资金运用信息的审查评价，对部门管理人员受托环境责任履职情况的审计评价和监督，能够给予公共权力以适当的约束[②]。由于审计机关是受社会公众和政府的委托，对部门管理人员受托环境责任履行情况进行的审计评价和监督，因此，审计机关需要把对部门管理人员履职情况的审计评价和监督信息，以审计报告、审计结果公告的形式报告给政府和公众，以履行审计机关对公众和政府的报告责任。虽然我国宪法规定，国家的一切权力属于人民并由人民代表大会来行使，审计机关向人民代表大会提交审计报告、汇报审计结果，就是向人民汇报。然而，仅仅向人民代表大会汇报审计结果难以满足普通广大社会公众的信息需求，难以发挥社会公众的监督作用，因此，为了更好地发挥公众的社会监督作用、维护公民的知情权，审计机关需要在其能力所及的范围内，采用多种形式，最大限度地向社会公众公告环境审计的相关信息。

---

① 林海. 论国家审计在中国近现代宪政变革中的地位演变 [J]. 审计研究，2007（1）：43—46.

② 尹平，戚振东. 国家治理视角下的中国政府审计特征研究 [J]. 审计与经济研究，2010（3）：9—14.

2. 推进民主法治建设与环境审计结果公告

现阶段我国大力推进民主法治建设必须不断提高政府的透明度，建设责任型政府，广泛接受群众监督，不断加大政府政务公开的力度，让老百姓清楚地知道政府在做什么，了解官员们是否恪尽职守、积极履职。温家宝同志在 2012 年召开的国务院第六次全体会议上指出，"国务院向全国人民代表大会报告工作，是一项法定的重要职责，我们要坦诚地向人大代表和人民群众报告工作，创造条件让人民群众批评政府，充分听取和吸收人民群众的意见，不断提高政府工作水平"。可见，创造条件让群众监督政府、批评政府已经成为我国下一阶段政治体制改革的重要内容，成了推进民主法治建设的有效手段。

让群众监督政府，就必须充分尊重公民的知情权，就必须加大政府政务公开的力度。推行环境审计结果公告制度为国家机关加大政务公开提供了一个良好的范本。审计机关实施环境审计结果公告制度，可以让社会公众了解被审计领导干部在任职期间，对本地区、本部门、本单位的财政收支、财务收支以及有关经济活动的履职情况，可以让广大人民群众监督被审计领导干部及所在单位对违法违规问题的整改情况。把领导干部履职的情况置于阳光之下，可以最大限度地减少各种违规问题，可以在源头上防止腐败，有利于维护人民群众的根本利益，有利于我国民主法治的建设。

3. 加强审计监督与环境审计结果公告

当前，我国政府和人民群众对审计寄予了厚望，对加强审计监督的呼声很高，呼吁深化干部人事制度改革、加强对权力的监督和制约。然而，从 1983 年审计署成立直到 2003 年的"审计风暴"之前，人们对审计机关的职能、作用却知之甚少。2003 年 6月 25 日，李金华审计长向全国人大提交了一份审计清单，并点名曝光了多个国家部委的违纪违规问题，这份报告于次日刊登在了审计署的官方网站上，引起了社会各界的广泛讨论，掀起了一场前所未有的审计风暴。由此可见，社会公众对审计信息有着强烈的需求，只有加大审计信息的公开力度，才能让社会公众知道审计在做什么，才能更好地发挥审计的监督功能。

我国实行的是行政型审计模式，在现有的行政体制或行政模式下，审计监督作用的发挥还十分有限，必须借助社会公众的力量，才能取得更好的监督效果，才能避免审计行为中的"暗箱操作"，才能进一步提升审计的威慑力。2010年12月10日，南方都市报发表社论，"从1998年到今年10月，全国共审计党政主要领导和国企领导逾41万人，包括135名省部级官员和国企领导，查出问题资金684亿元。庞大的问题资金既说明了审计的必要，更证明了审计面对的挑战是前所未有的艰巨，审计很有必要取得大众的支持"。

2009年审计署公布的第1号公告，对2007年3家中央企业原领导人员任期环境审计查出问题的纠正情况做了如下通报：第一，关于损益不实78.65亿元的问题。3家企业已经调账56.23亿元，其余22.42亿元主要是从成本费用中列支劳务用工工资性支出的问题，目前相关企业正与国资委联系，申请调整工效挂钩基数；第二，关于决策不当、管理不善造成损失和潜在损失16.63亿元的问题。除2.42亿元损失无法收回外，相关企业通过监控担保企业贷款资金的使用情况、提高经营管理水平等措施，一定程度上化解了14.21亿元的潜在损失风险；相关企业还修改或完善各项管理制度27项，包括制定重大决策程序办法、招标监督，以及合同管理办法、建立资金管理制度、企业股权管理规范、市场化用工管理暂行办法等，防止因决策失误或管理不善发生新的损失和国有资产流失的情况；第三，关于海外投资管理不规范，形成或面临损失4.24亿元的问题，相关企业正积极采取措施建立海外项目运作风险管理体系，完善应急预案制度；

第四，关于违法违规操作导致国有资产流失的问题。截至 2008
年 10 月底，已收回 980 万元，合并账外账处理 877 万元，通过
司法诉讼等手段正在追缴 7 090 万元，其余 4.83 亿元由于责任
人外逃等原因无法追回。相关企业已通过进一步建立健全内部规
章制度、明晰产权关系等措施，加强管理，完善内部控制，以有
效避免国有资产流失问题的再次发生。

由以上通报的情况可以看出，有关部门只是对被审计单位进
行了相应的处罚，而被审计单位也是据此进行了一定程度的整
改，然而却并没有深入追究有关责任人的个人责任问题，可见审
计的监督作用还有待进一步提高。在我国行政型审计模式短期内
难以发生重大变化的情况下，要想加强审计监督，让其发挥更大
的作用，行之有效的方法就是向社会公告环境审计相关信息，借
助社会监督的力量，以对领导干部受托环境责任的履行情况进行
监督和控制。

4. 提高审计质量与环境审计结果公告

审计质量是环境审计工作的生命线，如果不能开展高质量的
审计工作、取得可靠的审计结论，那么环境审计也就失去了其应
有的作用和意义。环境审计具有其复杂性和特殊性，它审计的对
象是担任一定职务的领导干部，手中都握有一定的职权，往往都
具有较大的影响力。因此，审计人员形成的审计结论、做出的审
计决定，都需要做到事实清楚，证据确凿，定性准确，评价
客观。

实施环境审计公告制度有利于审计机关提高审计质量，有利
于促使其工作朝着规范化、法制化的方向发展。首先，实施环境
审计公告制度，把审计机关置于阳光之下，能够防止其徇私舞
弊，减少其"信息寻租"的机会。审计机关开展环境审计工作，
掌握了大量被审计领导干部受托环境责任履行情况的信息，如果
信息不对外公开，审计机关就有可能利用此信息进行寻租，实施

"暗箱操作"，在获得一定的租金之后，掩盖、隐瞒、甚至篡改审计过程中所发现的被审计领导干部及其所在单位的违规违纪问题。其次，实施环境审计公告制度能够促使审计机关不断钻研业务、规范审计行为，进而降低审计风险。审计结果公告后，社会公众、被审计领导干部及其所在单位都可能会对审计机关工作的客观公正性、审计结论和审计决定的合法合规性进行评价和审查，发挥再监督的作用，这就进一步增大了审计机关开展环境审计工作的风险。如果开展得好，有利于维护审计机关的权威性；做得不好，则会使其陷入非常被动的局面，甚至面临被诉讼的风险。因此，实施审计公告制度，会促使审计机关不断增强责任意识、规范审计执法行为，进而提高审计质量。

## 6.5.2　环境审计结果公告的法律基础

　　环境审计结果公告作为政府公文的一种特定形式，其公告制度的实施、公告行为的开展必须遵循一定的法律依据。只有符合特定的法律要求，才能确保环境审计结果公告的有效性，才能有效降低环境审计结果公告的相关风险。因此，在探讨环境审计结果公告的内容、原则及形式之前，必须对与环境审计结果公告有关的法律法规进行系统的梳理和总结，从而确保环境审计结果公告建立在合法性的基础上。

　　1. 允许公告的相关现行法律法规

　　我国的宪法是根本大法，宪法第二条规定，"中华人民共和国的一切权力属于人民。人民依照法律规定，通过各种途径和形式，管理国家事务，管理经济和文化事业，管理社会事务"。宪法的此条规定是实施环境审计结果公告最根本的法律基础，它明确了公民对国家事务具有管理权，对国家机关及领导干部受托责任的履行情况具有知情权。

　　审计法第三十六条规定，"审计机关可以向政府有关部门通报或者向社会公布审计结果。审计机关通报或者公布审计结果，应当依法保守国家秘密和被审计单位的商业秘密，遵守国务院的有关规定"。审计署 2003 年发布的《审计结果公告试行办法》第四条规定，"审计结果公告主要包括下列内容：中央预算执行情况和其他财政收支的审计结果；政府部门或者国有企业事业组织财政收支、财务收支的单项审计结果；有关行业或者专项资金的综合审计结果；有关环境审计结果"。由此可见，环境审计结果公告具有一定的法律依据，审计机关可以据此开展相关工作。

2. 限制公告的相关现行法律法规

2010 年修订的《中华人民共和国保守国家秘密法》第九条规定了以下 7 个方面的信息应当保密："国家事务重大决策中的秘密事项；国防建设和武装力量活动中的秘密事项；外交和外事活动中的秘密事项以及对外承担保密义务的秘密事项；国民经济和社会发展中的秘密事项；科学技术中的秘密事项；维护国家安全活动和追查刑事犯罪中的秘密事项；经国家保密行政管理部门确定的其他秘密事项"。此规定对环境审计方面的信息并没有做出明确的要求，然而环境审计如果涉及以上 7 个方面的信息，仍然需要保守相关的秘密，与之相关的信息则需要按照有关的规定执行，不能随意公开。

审计署和国家保密局在 1996 年联合发布的《审计工作中国家秘密及其密级具体范围的规定》中规定："涉及党和国家领导人重要问题的审计或审计调查情况和结果"属于绝密级事项；"涉及党和国家领导人问题、省部级领导干部重要问题的审计或审计调查情况和结果"属于机密级事项；"涉及省、部级领导干部问题或地、市主要党政领导干部重要问题的审计或审计调查情况和结果"属于秘密级事项。以上保密事项在一定的时间内只限一定范围的人员知悉，未经批准不得擅自扩散。由此可见，涉及地、市级以上领导干部环境审计结果的相关信息属于保密事项，那么依此规定，此类信息就不能向社会公告，这给环境审计公告工作带来了很大的挑战。

《中华人民共和国国家审计准则》第一百五十九条规定，"在公布审计和审计调查结果时，审计机关不得公布下列信息：涉及国家秘密、商业秘密的信息；正在调查、处理过程中的事项；依照法律法规的规定不予公开的其他信息。涉及商业秘密的信息，经权利人同意或者审计机关认为不公布可能对公共利益造成重大影响的，可以予以公布"。该法规对环境审计结果限制公告的内容做出了原则性的规定。

3. 现行法律法规的启示及完善建议

依据现行的法律法规，审计机关向社会公众公告地、市级以下（不包括地、市级）党政领导干部环境审计结果信息已不存在法律方面的障碍，所以审计机关应该大力推进地、市级以下（不包括地、市级）党政领导干部环境审计公告方面的工作，积极探索建立全国统一的环境审计公告制度。由于地、市级以上（包括地、市级）党政领导干部环境审计的相关信息涉及国家有关的保密规定，所以短时期内还难以较为全面地向社会公开。审计机关应该根据已有的公告实践，积极总结经验，与国家保密局等部门积极沟通，研究探索地、市级以上（包括地、市级）党政领导干部环境审计公告制度，采取逐步公告的策略，力争在更大范围内公告领导干部环境审计的有关信息。

公民有权利得知领导干部环境审计的相关信息。但是依据目前的相关规定，审计机关向社会公告有关环境审计的结果是审计机关的一项权利，而非义务，这赋予了审计机关相当大的自由量裁权。也就是说，审计机关可以公布环境审计的相关信息，也可以不公布。那么，审计机关出于对自身利益的考虑，可能会只公告对自己有利的信息，而限制公告那些具有一定风险的审计结果信息，给权力寻租留下了较大的空间，难以满足公民的信息需求，公民的知情权难以得到有效保障。本书认为，向公民公告包括环境审计在内的相关信息是审计机关应该承担的义务，是其对公民承担的公共受托环境责任，此责任和义务必须切实履行。因此，建议修改包括审计法在内的相关规定，要求审计机关"必须"或者"应当"向社会公告环境审计结果等信息，并且进一步明确审计机关未能积极履行公告职责所应承担的法律责任。

此外，根据国际惯例，信息公开制度均以公开为原则，不公开为例外①。那么，审计机关对于环境审计结果信息的公开也应该以公开为原则，不公开为例外。笔者认为，就环境审计而言，不宜向社会公告的审计信息包括：涉及国家秘密、商业秘密以及个人隐私（如性格、爱好、生活习惯等）方面的信息；正在调查、处理过程中的事项；依照法律法规的明确规定不予公开的其他信息；环境审计结果的公告需要在审计意见书、审计决定书等相关审计结论性文书生效后进行。

## 6.5.3　环境审计结果公告的主要内容

环境审计是国家审计机关接受党和政府的委托，专职从事领导干部监督的一项特殊的审计活动或行为，它主要是对领导干部受托环境责任的履行情况进行审计鉴证，并做出审计评价，以发挥审计的监督和控制功能。环境审计到底要公告哪些内容，理论界和实务界仍未形成统一的结论。我们通过分析审计结果公告的主要内容，依据环境审计的内涵及特点，探讨环境审计公告的主要内容。

1. 审计结果公告的主要内容

审计结果公告作为保障公民知情权、发挥社会监督功能、实

---

　　①　周汉华. 美国政府信息公开制度 ［J］. 环球法律评论，2002（8）：274－287.

现民主政治的重要手段，其服务对象主要是社会公众，具有社会公开性的特点和公共产品的性质。由于服务对象的不同，审计结果公告与审计报告在内容方面具有很大的差异，审计结果公告内容具有可选择的特性，无须面面俱到，但也要事实依据清楚，并且将审计结果公告的风险控制在可以承受的范围之内。审计结果公告内容的研究实际上就是合理确定审计结果公告的边界，也可以说是确立审计结果公告的标准。审计结果公告的内容是动态的，随着受托环境责任内涵与外延的不断丰富与拓展而不断变化和发展。一般而言，审计结果公告的内容主要包括：审计项目简要说明、被审计单位的有关情况、审计人员的职责和目标以及依据的标准、审计发现的问题、审计结论、审计建议以及被审计单位的反馈或整改情况。

2. 环境审计结果应予公告的基本内容

环境审计的对象是具有一定职权的领导干部，其审计的结果是对领导干部受托环境责任履行情况的审计鉴证或评价。环境审计一方面要对领导干部环境责任履职报告的公允性发表意见，另一方面还要对领导干部受托环境责任的履职情况进行审计评价。因此，相比于一般审计结果公告，环境审计结果公告需要包括被审计领导干部目标环境责任的有关说明、环境责任履职报告公允性的审计意见，以及被审计领导干部受托环境责任履职情况的审计评价。

根据以上分析，本书认为，环境审计结果公告应该包括以下内容：

（1）审计项目简要说明。包括被审计领导干部的有关情况，如任期、担任职务等信息；被审计单位的有关情况，如被审计单位对提供资料的责任说明等。

（2）审计人员的职责、目标及审计依据。审计人员的有关情况，包括审计单位名称、审计的范围、审计依据的标准、审计人员的责任、审计的目标和时间等。

（3）被审计领导干部的目标环境责任及履职情况简要说明。

（4）审计发现的主要问题。主要是指审计发现的被审计领导干部不履职、不正确履职，以及违反国家规定的有关情况；被审计单位存在的违法违规情况。

（5）审计意见及审计评价意见。包括被审计领导干部环境责任履职报告公允性的审计意见、被审计领导干部受托环境责任履职情况的审计评价意见。

（6）审计建议及处理处罚决定。主要是指针对被审计领导干部及其所在单位存在的问题，审计人员所提出的建议以及做出的审计处理处罚决定。

（7）被审计领导干部及单位的反馈意见。包括针对审计发现的问题、提出的审计意见、做出的审计结论以及审计评价，被审计领导干部及所在单位的反馈意见；如果被审计单位及领导干部对有关的问题进行了整改也需报告整改的情况。

（8）其他需要公布的情况。

## 6.5.4 环境审计结果公告的程序

公告程序的合理规范性对于环境审计结果公告而言至关重要，只有保证了公告程序的合理公正，才能确保环境审计结果公告的真实公允。因此，需要深入探讨环境审计结果公告的程序并使之法定化，进而推动公告程序的公开透明。环境审计公告可以分为依申请公告和主动公告，无论哪种形式的公告都要遵循一定的程序，本书以主动公告为例，对环境审计公告的程序进行简要说明。一般而言，审计结果公告都需要经过：报告编写、复核、审理、审批以及签发等过程。因此，环境审计公告一般应包括：编制审计结果公告、业务部门复核、专门机构审理、审计机关审批、有关部门审批、审计机关签发等程序（如图6-2所示）。

1. 编制审计结果公告

环境审计结果公告一般是在环境审计报告的基础上形成的，根据有关规定需要公告的内容，进行适当的增减和完善，使之更加符合审计结果公告的特点，以满足社会公众的需要，并且将审计结果公告的风险控制在可承受的范围之内。这项工作主要是由环境审计项目小组负责完成。

2. 业务部门复核

审计组在起草完成环境审计结果公告的征求意见稿后，应该提交审计组所在的业务部门。业务部门对审计公告的内容、公告的措辞等进行复核并提出相应的修改意见。审计组根据修改意见对征求意见稿进行相应的完善，修改后再次提交给业务部门复核。

3. 专门机构审理

经过业务部门复核后，审计组应该把审核后的环境审计结果公告征求意见稿提交给审计机关的专门机构进行审理。专门审理机构主要对征求意见稿是否符合国家的法律法规要求进行审核，并提出相应的意见。

4. 审计机关审批

专门机构审理后，需要把审计结果公告提交审计机关业务会议审定，审计组需要根据审定意见进行修改，审定通过后，需要报请审计机关负责人审批。

5. 有关部门审批

审计机关负责人审批后，需要把环境审计结果公告提交给组织人事、保密部门以及政府领导等进行审查和批准。《审计结果公告试行办法》规定，"向国务院呈报的重要审计事项的审计结果需要公告的，应当在呈送的报告中向国务院说明，国务院在一定期限内无不同意见的，才能公告；其他审计事项的审计结果需要公告的，由审计署审批决定"。本书认为，省部级及以上领导干部的环境审计结果公告需要提请国务院有关部门进行审批；地、市级领导干部的环境审计结果公告需要提请省级有关部门及政府领导进行审批；县级及以下领导干部的环境审计结果需要报请上级审计机关审批。

6. 审计机关签发并公告

环境审计结果报告在经过有关部门的审批以后，审计机关就可以提请审计机关负责人最后签发，并通过一定的形式向社会公告审计结果。环境审计结果公告之后，审计机关还需要办理相应的来电、来函等事宜，做出环境审计结果公告的后续工作。

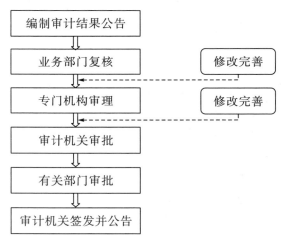

图 6—2　环境审计结果公告程序

## 6.5.5　环境审计结果公告的原则

环境审计结果公告是提高政府透明度、保障公民知情权的有效手段，是实现公民与政府良好沟通的有效渠道。环境审计结果公告对于减少和预防腐败、促进责任政府的建立，以及公民的有序参政议政都具有十分重要的意义。因此，环境审计结果公告必须遵循一定的原则，以确保环境审计结果公告的质量，更好地发挥社会监督的作用。由于环境审计是对领导干部受托环境责任的审计监督或控制活动，其监督的对象均是掌握一定职权的领导干部，其公告的目的是为了发挥更广泛的社会监督作用，保障和维护公民的知情权。因此，环境审计结果公告需要满足：客观公正、实事求是；依法公告、保守秘密；积极稳妥、量力而行；以及简明扼要、通俗易懂的原则。

1. 客观公正、实事求是原则

领导干部环境审计结果信息具有其特殊性，对于被审计领导干部、政府部门、社会公众而言具有重要的意义。审计机关公告环境审计结果信息，是一种官方行为，必须遵循客观公正、实事求是的原则，不能够带有主观随意性，并且应该确保审计结果满足事实清楚、证据确凿、定性准确、评价客观公正的条件。

2. 依法公告、保守秘密原则

审计机关公布环境审计结果必须遵守《中华人民共和国审计法》《中华人民共和国审计准则》《中华人民共和国保守国家秘密法》《审计结果公告试行办法》等法律法规。审计机关必须依法保守国家秘密、被审计单位的商业秘密，以及被审计领导干部的个人隐私。此外，审计机关公布环境审计结果还应该在审计意见书、审计决定书等相关审计结论性文书生效后进行。

3. 积极稳妥、量力而行原则

环境审计具有其特殊性和复杂性，审计机关公告环境审计结果应该注意工作的方式方法，应该采取积极试点、稳步试行的策略，不能操之过急、好大喜功。公告得恰当，则有利于维护审计机关的权威性，有利于推进审计结果公告制度的不断完善；公告得不好，则会使审计机关陷入非常被动的局面，甚至使其面临被诉讼的风险，也会给环境审计结果公告工作带来致命性的打击。

4. 简明扼要、通俗易懂原则

环境审计结果公告面向的是社会公众，大多数群众并没有审计工作经验，因此，审计结果公告的写作一定要注意简明扼要、通俗易懂。审计结果公告中要尽量避免使用过多的专业词汇和生僻字，逻辑清晰，意思表达明确即可。

## 6.5.6　环境审计结果公告的形式

信息的传播需要借助一定的形式，环境审计结果作为一种特殊的政府信息，向社会公开需要采取一定的形式、借助一定的渠道进行，从而保证公民的信息权利需求，发挥广泛的社会监督作用。

1. 审计结果公告的形式

为了保障公民的知情权、充分发挥社会监督的作用，世界上各主要类型的代表国家都实行了审计结果公告制度。从世界各国审计结果公告的实践来看，审计结果公告具有多种形式，例如政府公报、新闻发布会、政府官方网站、新闻媒介（广播、电视、报纸、杂志）以及待定的公共查阅点等。司法型、立法型、独立型国家的审计结果公告主要采取新闻发布会、听证会、出版发行、网上公开等形式，而行政型国家的审计结果主要是为政府部门服务，因而往往只在一定范围内公告，主要是向政府部门报告，具有强烈的内部审计色彩。行政型国家的审计结果也会有选择地向社会公开，但相比其他类型的国家，只是公开的范围没有那么广泛（见表6-1）。

表6-1　各主要国家审计结果公告的形式

| 类型 | 代表国家 | 公告形式 |
|---|---|---|
| 司法型 | 法国、意大利、巴西 | 向新闻媒体发布、出版发行物 |

| 类型 | 代表国家 | 公告形式 |
|------|---------|---------|
| 立法型 | 美国、加拿大、澳大利亚 | 政府公报公布、听证会宣读、向新闻媒体发布、网上公布 |
| 独立型 | 日本、印度、德国 | 新闻媒体发布、改写为通俗读物散发群众 |
| 行政型 | 俄罗斯、瑞典 | 向政府部门提交报告 |

2. 我国开展环境审计公告可采取的形式

环境审计是专职从事领导干部监督的审计活动或行为，其结果信息对于公民监督政府及官员的权力运行、促进责任政府建立、实现民主政治而言，具有非常重要的意义。因此，应该采取恰当的形式，向社会公众广泛地公告环境审计结果的有关信息。环境审计结果公告作为审计结果公告的一种特殊类型，应该积极借鉴其他审计结果公告的经验做法，采取更为广泛的合理形式，充分宣传和挖掘利用环境审计的有关信息，扩大审计机关的影响力，提升审计的监督功能。因此，我国审计机关向社会公告环境审计结果，可以通过政府审计公报、审计机关官方网站、新闻媒介以及新闻发布会等多种渠道。

（1）政府审计公报。目前我国的主要国家机关都会定期出版公报，而国家审计署还没有单独发行政府审计公报。因此，审计机关可以借鉴其他部门或者国外审计机构的经验，单独出版政府审计公报，并且在审计公报上公告有关环境审计结果的信息。政府审计公告具有较高的权威性，应该面向全社会发行，让广大公民都可以查询到有关的政府审计信息。

（2）审计机关官方网站。目前，我国审计机关都成立了自己的官方网站，但是有些地方审计机关官方网站的信息公布情况却不尽如人意。审计署的官方网站已经尝试公布了大量的审计公告信息，但是目前关于环境审计方面的信息还比较匮乏。各级审计机关应该在官方网站上加大环境审计信息的公开力度，以发挥网络便捷、高效的优势。

（3）新闻媒介。审计机关可以广泛利用报纸、杂志、广播、电视等新闻媒介向社会公告环境审计的相关信息，以利用这些媒介传播速度快、传播范围广、影响力大的特点，让社会公众广泛深入了解审计机关开展的环境审计的情况，吸引更多的群众关注环境审计、参与环境审计、评论环境审计、监督环境审计。

（4）新闻发布会。审计机关还可以定期或者不定期地举行审计综合或专题新闻发布会，向社会各界公告环境审计的有关情况，就社会各界所关心的问题进行重点解释，对有关的政策法规进行重点解读。新闻发布会具有较高的权威性和较高的关注度等特点，可以引起社会各界的广泛关注，有利于审计结果信息的传播。当然，审计机关要举办新闻发布会必须要依据国家的有关规定，取得有关部门的许可，并办理相关的登记手续后，方可举行。

# 6.6  本章小结

本章探讨了环境审计报告模式与公告制度的有关问题。首先，分析了环境审计报告的特点并以实例说明了现行环境审计报告的缺陷。其次，探讨了环境审计报告的规范化问题，进而分析了环境审计报告在强化权力监控、完善民主政治、提升执政能力以及维护环境安全等方面的价值，然后探讨了环境审计报告的结果运用问题。最后尝试构建了环境审计结果公告制度。

环境审计报告是指审计人员按照审计授权或委托人的要求，依据审计准则、国家法律法规的规定以及目标环境责任书等相关标准，在实施充分的审计程序基础上，对特定组织之环境责任人履职报告的公允性发表审计意见，并对环境责任人受托环境责任的履行情况做出审计评价的书面报告。环境审计报告具有权威性、定向性、针对性、客观性、公正性等特点。作为政府公文的一种，环境审计报告应该格式统一、结构完整、内容清晰、用词严谨、评价准确、通俗易通。目前，我国的环境审计报告主要存在着名称不规范、要素不完整、内容不清晰、责任不明确、评价不确切，以及缺乏可读性等问题。这些问题的存在不仅影响了环境审计报告的运用，挫伤了审计人员的积极性，也不利于客观公正地评价领导干部的受托环境责任履行情况。因此，必须深入探讨环境审计报告规范化的有关问题。

在环境审计报告的规范化方面，由于环境审计报告一方面要遵循审计准则对审计报告的界定和要求，另一方面又要突破现行审计报告仅涉及财务报表信息的局限，体现针对特定组织之环境责任人履行环境责任状况进行评价的特殊要求。因此，相比于传统审计报告，环境审计报告具有诸多特点。环境审计报告的目标在于评价或鉴证环境责任人目标环境责任的履行情况；环境审计报告的主体可以概括为"审计人员"，主要是各级审计机关环境审计项目组成员；审计报告的客体是环境责任人履职报告的公允性以及受托环境责任履行状况。审计报告的依据包括：审计准则、目标环境责任书、国家有关的法律法规以及审计评价指标体系等。审计报告的格式为五段式，即引言段、被审计领导干部及所在单位的责任段、审计人员的责任段、审计人员的意见段和审计人员的评价段。审计意见的类型包括无保留意见、保留意见、否定意见和无法表示意见四种类型。审计报告的要素包括：标题、收件人、引言段、范围段、意见段、审计评价段、注册会计师的签名及盖章、报告日期，以及会计师事务所的名称、地址和盖章等。审计报告的签发及审核程序包括：提交审计报告（征求意见稿）、部门复核、审计报告征求意见、拟写审计文书、专职机构审理、审计文书的审定和签发、审计文书的报送、审计文书的复查及复核等。

在环境审计报告的价值分析方面，笔者认为，环境审计报告在强化权力监控、完善民主政治、提升执政能力以及维护环境安全等方面均具有十分重要的价值。在强化权力监控方面，环境审计报告通过客观真实地反映领导干部受托环境责任的履职情况，能够有效避免领导干部评价中的过于随意性等问题，通过深入分析各种违法违规问题产生的深层性原因，能够进一步理顺权力运行中各个环节的关系及潜在的问题，从而有效防止公共经济权力异化；在完善民主政治方面，环境审计报告通过客观真实地反映领导干部受托环境责任的履职情况，能够强化对权力的监督与制约、完善领导干部选拔任用和考核管理制度，从而促进民主政治发展；在提升执政能力方面，环境审计报告通过客观真实地反映领导干部受托环境责任的履职情况，能够及时发现领导干部在履职过程中存在的问题，从而促进领导干部及时纠正问题，不断提升执政能力和执政水平；在维护环境安全方面，环境审计报告通过客观真实地反映领导干部受托环境责任的履职情况，能够合理评价领导干部任期内遵循国家法律法规以及重大环境决策的情况，制定和执行金融安全、财政安全以及产业安全有关政策的情况，能够恰当认定领导干部在维护国家环境安全中所发挥的具体作用，从而有助于维护国家环境安全。

在环境审计报告的结果运用方面，笔者认为，由于环境审计具有独立性、权威性、客观性等特点，因此环境审计报告首先可以作为干部考核、选拔、调整和聘任的重要依据；其次，环境审计报告通过客观反映并合理界定单位责任和个人责任、前任责任和本任责任、直接责任、主管责任和领导责任后，所发现的被审计领导干部存在的问题、形成的审计结论等可以作为纪委、监察党纪政纪处分的依据；再次，环境审计报告通过客观反映被审计领导干部任期内受托环境责任的全面履行情况，并进行综合审计评价，可以作为领导干部解除或者确认其受托环境责任的依据；最后，由于环境审计结果在帮助企业落实整改问题、提升管理水平、完善管理制度方面具有重要的作用，因此科学利用环境审计报告可以更好地加强对国有资产的监督管理。

在环境审计结果公告制度的构建方面，笔者认为，向社会公众公告环境审计结果是公共受托责任观的内在要求，是推进民主法治的必然之举，是加强审计监督的现实需要，是提高审计质量的有效手段。结果公告应该以公开为原则，不公开为例外，应该进一步明确审计机关未能积极履行公告职责所应承担的法律责任。不宜公告的内容主要包括：涉及国家秘密、商业秘密、个人隐私（如性格、爱好、生活习惯等）方面的信息，正在调查、处理过程中的事项，以及依照法律法规的明确规定不予公开的其他信息。结果公告需要在审计意见书、审计决定书等相关审计结论性文书生效后进行。结果公告的主要内容包括：审计项目简要说明、审计人员的职责、目标及审计依据、被审计领导干部的目标环境责任及履职情况简要说明、审计发现的主要问题、审计意见及审计评价意见、审计建议及处理处罚决定、被审计领导干部及单位的反馈意见及整改情况。结果公告的程序主要包括：编制审计结果公告、业务部门复核、专门机构审理、审计机关审批、有关部门审批、审计机关签发等。结果公告的原则主要包括：客观公正、实事求是，依法公告、保守秘密，积极稳妥、量力而行，以及简明扼要、通俗易懂原则。结果公告的形式主要包括：政府审计公报、审计机关官方网站、新闻媒介以及新闻发布会等多种形式。

# 第7章　环境审计推进甘孜州生态文明建设的政策建议

## 7.1　建立生态文明示范区

基于前几章的分析，笔者认为，甘孜州完全符合申报实施甘孜州生态文明建设示范区的条件，应积极申请，抓住这样的机会，细节如下：

（1）申报原则。坚持尊重自然规律与和谐发展、因地制宜与分类指导、保护与开发并重、政府指导与社会参与、科技与体制创新、环境审计全程参与和监控的原则。

（2）目标选择。树立生态立县和环境优先的发展理念，创新节约资源和保护环境的发展模式，发展循环经济。经过10年的建设，基本实现甘孜州生态县建设的主要指标，经济增长方式转变取得显著成效，资源合理利用率显著提高，生态文明观念在全社会牢固树立，符合生态文明示范区的产业支撑体系基本形成，节约资源能源和保护生态环境的机制基本建立，生态屏障作用明显增强。

（3）建设步骤与阶段。总体建设分为四个阶段：①全面启动阶段（2017—2018年）。在全面启动阶段，建设生态文明示范区的舆论氛围基本形成，生态文明建设规划建设的基本框架和体制机制初步确立，生态文明建设评价指标和考核体系基本建立。培育一批不同层面的生态创建典型和绿色消费模式，启动实施一批生态文明建设试点示范项目，进一步改善城乡人居生态环境，进一步提高生活环境质量。②重点推进阶段（2019—2020 年）。重点推进阶段的主要任务有：全面推进生态环境保护与建设、生态经济发展、生态人居建设与生活质量改善、生态文化建设四个方面。该阶段人们的生态意识和文明程度明显提高。经济发展方式转变将取得较大进展，循环经济和低碳经济比重明显增加，资源利用率显著提高，生态环境良好的优势地位得到进一步巩固。城乡人居环境基础设施基本完善，实施天然林保护，重点生态区域绿化，防护林、自然保护区建设，以及生物多样性保护四项工程；重点推进防治工业污染、控制生活污染、削减农业污染、处置医疗和危险废物四项污染防治工程。建立资源可持续利用工程，重点实施土地保护与开发整理、生物和矿产资源高效利用、水资源优化配置与水源建设、清洁能源四项工程。建立生态经济工程，重点发展具有生态优势的产业、具有生态与经济双重效益的产业、具有资源优势的资源加工业、对环境影响小的清洁型优势产业四类产业。建立人居生态工程，重点开展文明生态集镇、文明生态村和文明生态社区三级四类创建工程。③全面建设阶段（2021—2025 年）。在全面建设阶段将发展生态经济、加强生态建设和环境保护的政策机制，使市场机制更加完善，可持续发展能力得到较大提高；基本形成节约能源资源和保护生态环境的产业结构，循环经济、低碳经济具有较大规模，可再生能源比重显著上升，单位 GDP 能耗持续下降。自然生态系统及重要物种得到有效保护，城市污水集中处理率达到 85％以上，城市生活垃圾全部实现无害化处理。生态文明道德文化体系基本建立，可持续消费模式基本形成。人与人、人与自然、人与社会基本实现和谐发展，生态文明建设产生较大影响，成为全国生态文明建设示范区。④全面巩固阶段（2026—2030 年），在全面巩固阶段，全县生态文明意识显著增强，形成一套科学的生态文明建设模式。可持续发展能力明显提高，万元 GDP 能耗继续下降。城市污水集中处理率达到 100％，城镇污水集中处理率达到 90％。国家级生态文明村镇持续增加，节约能源资源和保护生态环境的产业结构、增长方式已经形成。

## 7.2　加强环境审计制度建设

　　环境审计的基础和前提是制度建设，具体而言，甘孜州环境审计要适应生态文明建设的需要，在生态文明建设中发挥应有的作用，必须明确政府环境审计的地位、职责和权限，统一环境审计的行为和标准，才能保证环境审计工作合法有效地开展。

　　审计机关的环境审计工作具有权威性和强制性，必须有明确的法律法规作为开展审计工作的依据，由于现行的法律法规关于政府环境审计没有明确的规定，导致政府环境审计工作处于尴尬被动局面，难以得到被审计单位的支持和配合，不利于环境审计正常有效开展。因此，我国应对相关法律法规进行修订，让政府环境审计有法可依。

　　此外还需要修订环境保护法。我国《环境保护法》关于环境监督管理的规定中，明确了国务院和地方政府环境保护行政主管部门对环境保护工作实施统一监督管理，却没有明确审计机关在环境保护中的权责。政府环境审计是环境保护实践活动的重要参与者，除了监督环境责任人与环境有关的行为活动之外，还监督环境管理部门的环境保护和治理工作，以及环境保护政策措施的制定和执行，在保护生态环境和生态文明建设中发挥着重要作用。因此，应修订《环境保护法》，在环境监督管理的规定中，增加审计机关的权责，明确审计机关与环境保护部门的分工和合作，作为审计机关开展环境审计的法律依据。

## 7.3　制定环境审计准则和审计评价标准

审计准则是审计人员从事审计业务必须遵循的行为规范，指导和规范审计人员实施审计、取得证据、形成结论、出具报告的行为。目前，我国未制定环境审计准则，在现行的国家审计准则中也没有环境审计方面的内容。而环境审计与一般的审计类型在内容、对象、目标和操作方式上有较大的差异，需要有统一的规范指导审计工作。我国应该在国家审计准则中增加环境审计的内容或者单独制定环境审计准则，以明确政府环境审计的对象、程序、范围、内容、具体实施、与其他部门的协调合作关系、法律责任等，作为政府环境审计的工作指南。环境审计对审计对象的鉴证和评价需要依据相关的环境标准，我国的环境保护标准体系存在着标准水平偏低、适用性不强、标准之间的衔接配合不够充分、标准的数量和内容未能完全满足环境保护工作需要，以及标准的制定不够科学等问题，需要逐步进行修正和完善。另外，还要建立环境绩效考评指标体系和评价办法，统一环境审计的评价标准，作为环境审计的技术支撑，提高审计结果的科学性和准确性，防范审计风险。

## 7.4　建立环境会计制度

环境审计的直接对象是环境会计资料，环境会计信息是环境审计的重要内容。环境会计的研究在我国刚刚起步，其核算标准和基本前提尚未形成，确认和计量也不全面，尚未建立环境会计制度、准则和统一的核算体系。当前的会计准则也没有环境责任的内容，没有要求企业必须披露环境信息，更没有统一的环境信息计量和披露标准，导致企业不披露环境信息或者无法准确披露环境信息，影响到环境审计对企业环境管理系统的绩效评价和环保决策风险评估，给审计取证带来困难。我国应该建立环境会计制度，对环境开发、污染、防治的成本费用和环境维护、开发产生的效益进行确认和计量，并评估环境活动对企业财务成果的影响。还要制定环境会计准则，统一环境会计的确认原则、计量标准，确定披露环境信息的法律责任，保证及时、准确地披露环境信息，为政府环境审计提供真实、完整的环境会计资料，推进政府环境审计工作深入开展。

## 7.5　拓展政府环境审计内容

我国的政府环境审计内容和审计方式比较单一，不足以应对复杂多样的环境问题，不能适应环境保护事业发展和生态文明建设的需要。我国应在生态文明建设的视角下，拓展原有的环境审计内容，运用多种审计方式，构建新的环境审计模式，推进政府环境审计发展进步，使其达到促进生态文明建设的要求。

我国现阶段的政府环境审计仍然是以环境合规性审计和环境财务审计为主，工作重点仍然是审查环保资金的筹集、管理和使用情况，环保政策措施的执行情况，环保工程项目的建设运营情况，对绩效审计有所涉及，但始终无法深入。我们应该拓展环境审计的内容，除了审计环境保护资金、环境政策法规执行、环境保护建设项目之外，还要审计环境管理系统、环境责任履行情况，在环境合规性审计和环境财务审计的基础上，推行环境绩效审计。

（1）环境管理系统审计。环境管理系统审计主要是审计监督环境管理系统是否建立和健全，是否科学和有效。这包括四个方面：一是审查环境管理系统是否建立；二是审查有关政策和措施、规章和制度是否健全；三是审查政策和措施、规章和制度是否得到执行；四是审查政策和措施、规章和制度的有效性、合理性，是否达到环境管理的目标。通过审查和评价环境管理系统，找到环境管理中的薄弱环节加以改进，评估环境管理的风险加以防范，促进环境管理制度的健全、环境管理相关政策措施和规章制度的完善，促使部门之间更好地组织协调、分工合作，发挥环境管理系统对环境的管理和控制作用。

（2）环境责任履行审计。环境责任履行审计主要是审计监督各地区、各部门、企业、领导干部履行环境保护责任的情况。审查环境保护责任人是否采取有效的措施、建立有效的制度、进行科学的决策、实施有效的管理以完成环境保护任务、实现环境保护目标、切实履行环境保护责任。对没有履行环境保护责任的行为要问责、追责，并将环境责任履行情况作为考评、任用、奖惩领导干部的标准之一。通过环境责任履行审计提高责任人的环境保护意识，增强其履行保护环境、节约资源职责的主动性和积极性，纠正为追求经济增长而污染环境、浪费资源的短视行为。

（3）全面推行环境绩效审计。将环境绩效审计运用于环境保护资金审计，在审查环境保护资金筹集、管理、使用合规性的基础上评价环境保护资金使用的经济性、效率性和效果性，审查环境保护资金的投入量、产生的效益、达到的效果，以加强环境保护资金的管理，促进环境保护资金的合理使用；将环境绩效审计运用于环境保护项目审计，在审查环境保护建设项目是否按照规定投资、建设、验收和运营的基础上，评价环境保护建设项目是否实现了环境保护、污染治理、垃圾处理、节能减排等目标，是否达到了预期的效果，是否符合成本效益性原则；将环境绩效审计运用于环境保护政策审计，在审查环境保护政策措施是否得到落实和执行的基础上，评价环境保护政策的科学性、合理性、可操作性和有效性，促进科学有效的环境保护政策的制定和推行，以及有缺陷的环境保护政策的改进和完善；将环境绩效审计运用于环境管理系统审计，评价环境管理系统的成本效益、经济性、效率性和效果性，促进建立有效的环境管理系统，防范环境风险；将环境绩效审计运用于环境责任履行审计，通过评价环境保护任务目标的实现情况来审查环境责任的履行情况，促进环保责任的切实履行。

# 7.6  构建政府环境审计大格局

生态文明建设是一项系统工程，应贯穿于生产、生活的方方面面，与政治、经济、社会、文化建设紧密结合起来，全面建设、整体推进。在生态文明建设的视角下，构建政府环境审计大格局，促进政府环境审计常态化，建立多部门联合审计的组织模式，实施全过程跟踪审计，让政府环境审计融入政治、经济、社会、文化建设的各方面和全过程，推进政府环境审计的深入有序开展，为生态文明建设贡献力量。

## 7.6.1  环境审计常态化

首先，在审计项目的安排上，审计机关要将环境审计项目纳入审计项目年度计划中，每年安排环境审计项目。在规划审计项目时，重点考虑是否符合环境保护政策的要求、是否与国家重大事件或公众生活密切相关；特别要关注淡水、大气、土地、森林、海洋、矿产等重要资源的开发利用和保护情况；关注节能减排、污染防治、垃圾处理等领域；重视对生态脆弱地区的资源利用和环境保护情况的审计。

其次，将环境审计的内容融入所有专业审计当中。在实施审计项目时，以促进生态文明建设为目标，把生态文明的理念融入各项审计工作，使环境审计内容常态化。企业审计要关注企业环保主体责任的落实情况、节能减排和清洁生产推进情况、环境风险防控体系建设情况等；金融审计要关注金融行业的信贷资金投向，是否按照生态文明建设的要求执行"绿色信贷"政策，将生态保护、污染治理效果和符合环境检测标准作为信贷审批的重要前提；财政审计要关注有关环境保护专项资金、生态工程建设项目资金的使用和管理情况，关注财政支出对生态文明建设的作用；投资审计要关注建设项目是否执行防治污染设施与主体工程同时设计、施工、投产的"三同时"制度，关注防治污染设施的建设运营情况；经济责任审计要关注领导干部在生态环境方面的经济责任，关注投资决策失误和管理不当造成的环境问题、节能减排的指标和环保基础设施的建设项目是否完成，以及招商引资项目对生态环境的影响。

## 7.6.2　多部门联合审计

树立生态文明建设的全局观，建立多部门合作机制，整合审计资源，提高环境审计效率，增强环境审计效果。生态文明建设是我国现代化建设的一部分，需要全社会的共同参与和努力，仅仅依靠审计部门的力量是远远不够的，要通过区域间各个部门的交流和合作才能完成。环境审计项目要更好地服务于生态文明建设，必须争取与生态文明建设直接相关环保、规划、国土、财政等部门的支持和配合，打破壁垒，实现跨部门合作。常态化的环境审计项目，可以与政府有关职能部门建立沟通协调机制、成果开发利用机制等，共同协商解决环境问题的办法，探讨保护资源环境的措施，提高政府相关部门对环境审计的认可度，从而充分运用审计成果，提高环境审计的质量、效果和效率，发挥环境审计在生态文明建设中应有的作用。

## 7.6.3　全过程跟踪审计

我国目前的政府环境审计多为事后监督，是对已经形成的事实和已经发生的问题进行审计监督，这远远不能满足政府环境审计推动生态文明建设的需要。要充分发挥政府环境审计在推动生态文明建设中的重要作用，就必须加强对重大生态建设工程项目和特殊资源开发利用项目的全过程跟踪审计。因为环境风险存在于项目建设的整个周期，这就要求审计人员介入项目实施的各个阶段，对项目全过程进行监控，通过审计预警，对发现的问题及时纠正，从而防控环境风险，保障环境安全；加强对重要环境保护政策制定和执行过程的全过程跟踪审计，将政策措施的制定与贯彻落实情况紧密结合起来，及时发现环保政策措施不合理、不科学、不能适用于实际的问题和漏洞，并进行修正和弥补，再将完善后的环保政策措施拿到实践中检验。环境审计的关口前移，可以从源头上把关，减少资源环境的损失，有利于促进生态文明建设。

## 7.7 强化政府环境审计结果执行

我国政府环境审计查证的审计问题呈现屡查屡犯的态势，最主要的原因是环境审计结果执行不到位。而环境审计结果得不到充分执行的原因是环境保护意识淡薄、环境审计结果不够公开透明、追究责任和处理处罚力度不够、审计整改不到位等。所以我们应该通过加强生态文明建设的理念和环境保护意识，完善环境审计结果公告制度，加大环境审计结果的责任追究和处理处罚力度，建立环境审计整改长效机制的方式来保障政府环境审计结果的执行，以解决环境问题、明确环境责任，真正地发挥政府环境审计对生态文明建设的推动作用。

目前，我国政府环境审计结果公告制度不够完善，环境审计结果公告数量不多，已发布的结果公告中对揭示的问题及其整改情况的阐述很笼统，没有公告审计处理处罚的内容。生态环境与人们的生产与生活息息相关，是社会公众的共有财产，环境问题是关系国计民生的重要问题，理应接受社会公众的监督。环境审计结果的公开透明度，直接影响着政府部门、企事业单位和民众的重视程度。环境审计结果不够公开透明，就不能引起社会公众高度重视，不能激发他们的保护意识和维权意识，不能对被审计单位构成舆论压力和威慑力，不利于审计结果的执行。因此，我国要完善现有的审计结果公告制度，规定政府环境审计结果公告的内容、方式和范围，加大政府环境审计结果公告力度，提高审计结果的透明度；方便社会公众查阅环境审计结果，并鼓励他们提出改进环境管理、完善环保政策措施、解决环境问题的建议，提高政府环境审计的社会关注度和参与度，促进政府环境审计结果的有效执行。

加强对相关责任人的责任追究。政府部门和企事业单位的环境行为与相关责任人履责情况有着很大关系，但我们在处理处罚环境违法行为时，却很少追究领导干部或相关责任人在履职过程中的环境保护责任，对其没有履行环境保护责任的行为没有进行问责、追责，影响了环境审计结果的执行。所以我们要加强对相关责任人的环保责任追究，对没有履行环境保护责任的行为进行问责、追责，并将环境责任履行情况作为考评、任用、奖惩领导干部的标准之一，以此来增强责任人的环境保护意识，提高其履行保护环境、节约资源职责的主动性和积极性，纠正为追求经济增长而污染环境、浪费资源的短视行为。

加大环境违法违规行为的处罚力度。由于审计机关对被审计单位的违反环境保护相关法律法规的行为没有进行处罚或者处罚得较轻，造成违法成本低而守法成本高的现象，致使有些被审计单位不愿意执行环境审计结果，不愿意采取相应的措施纠正自己破坏生态环境的行为。因此，我们应该完善相关法律法规，加大对环境违法行为的处罚力度，对违法主体进行严厉的制裁，包括行政处罚、民事处罚和刑事处罚。提高违法成本，加强法律的威慑力，促使环境违法主体自觉地修正破坏生态环境的行为，提高环境审计结果的影响力，保证审计结果的执行。

## 7.8  建立环境审计整改长效机制

环境审计问题得以全面、彻底的整改，对促进被审计单位落实环保政策措施、规范环境行为、健全环境管理制度起着重要的作用，是环境审计结果有效执行的一项重要内容。但从目前我国环境审计结果来看，有些环境问题呈现屡查屡犯的态势，这因为环境审计问题整改不彻底、不到位，不能从根本上解决环境问题，不利于审计结果的执行。因此，需要建立环境审计整改长效机制保障审计问题整改：一是建立环境审计整改责任追究制度。强化环境审计问题整改的一把手责任，将被审计单位的主要负责人作为审计整改不到位的问责对象，在问题整改措施的实施和整改效果方面追究相关责任人的责任。二是建立环境审计整改结果报告和公告制度。审计机关应将被审计单位的整改情况和审计意见建议的落实情况汇报给政府和人大，并向社会公众公告环境审计整改结果。三是建立环境审计整改跟踪检查制度。限制被审计单位整改环境问题的时间，要求被审计单位向审计机关报送问题整改的情况，并对整改情况进行跟踪检查和复核，确保环境审计问题得到全面彻底的整改，环境审计意见和建议得到落实，环境审计结果得到有效执行。

# 第8章　结束语

随着生态文明建设问题成为我国国家治理领域的热点问题，环境的保护和改善逐渐被各级政府所重视。环境审计作为政府治理手段，应当在政府保护和管理生态文明建设中发挥更加积极的作用，即进一步促进各级政府推进生态文明建设。不仅如此，环境审计作为近十年审计工作发展规划重点内容之一，地位逐渐提升，重要性也日益突显。有关环境审计的理论研究越来越多，范围越来越宽泛，涉及面越来越广阔，内容越来越深入。但由于缺乏统一的思想，环境审计的理论研究还不够系统，难以用来指导环境审计实践。

本书在文献研究的基础上，通过对甘孜州的生态文明建设现状、环境审计作用于生态文明建设的调查研究，归纳出民族地区环境审计的特点和目前存在的问题，并剖析了产生此类问题的深层次原因，继而提出相应的对策以解决实际问题。笔者期望这些对策建议能对环境审计作用于甘孜州的生态文明建设实践起到一些帮助，能进一步发挥政府环境审计在生态文明建设中的作用。因为随着环境形势的日益严峻，党的十八大报告的进一步明确，环境审计的作用更加重要，相信环境审计的理论研究和实践也必然会取得更大的发展。

本书无论在理论、实践，还是研究方法上，存在许多的不足和欠缺在所难免，敬请广大读者批评指正。今后，笔者一定会不断关注民族地区环境审计方面的最新进展，持续地对甘孜州生态文明建设存在的问题进行更深入的分析，进一步提出更切实、有效的解决对策。

# 参考文献

[1] 蔡春. 审计理论结构研究［M］. 成都：西南财经大学出版社，1993.

[2] 曹颖，张象枢，刘昕. 云南省环境绩效评估指标体系构建［J］. 环境保护，2006（2）.

[3] 崔亚虹. 生态文明建设与民族地区环境保护问题研究［J］. 商业时代，2010（6）.

[4] 桂林市审计局课题组. 论农业与资源环保效益审计的若干问题［J］. 审计研究，2007（4）.

[5] 国家统计局. 甘孜统计年鉴（2010—2014）［M］. 北京：中国统计出版社，2014.

[6] 黄道国. 关于深化资源环境审计工作的思考［J］. 中国审计，2009（4）.

[7] 黄光宇，陈勇. 生态理论与规划设计方法［M］. 北京：科学出版社，2002.

[8] 刘家义. 认真履行审计监督职责 促进经济发展方式转变［J］. 审计研究，2010（5）.

[9] 马交国，杨永春. 国外生态建设实践及其对中国的启示［J］. 国外城市规划，2006（2）.

[10] 秦伟伟，王卓琳，任文隆. 生态评价指标体系设计［J］. 工业技术经济，2007（5）.

[11] 曲婧. 资源审计为维护国家资源安全发挥"免疫系统"功

能［J］. 中国审计，2010（7）.

［12］审计署审计科研所. 研究报告：世审组织环境审计工作组
20 年工作回顾［R］. 国审计署官网，2013.

［13］宋常，赵懿清. 投资项目绩效审计评价指标体系与框架设
计研究［J］. 审计研究，2011（1）.

［14］王淡浓. 加强政府资源环境审计促进转变经济发展方式
［J］. 审计研究，2011（5）.

［15］徐泓，曲婧. 自然资源绩效审计的评价目标、评价内容和
评价指标体系初探［J］. 审计研究，2012（2）.

［16］徐泓. 环境会计的理论与实务［M］. 北京：中国人民大学
出版社，1999.

［17］颜京松，王松如. 城市生态建设内涵、目的和评价目标
［J］. 现代城市研究，2004（3）.

［18］杨肃昌，芦海燕，周一虹. 区域性环境审计研究：文献综
述与建议［J］. 审计研究，2013（1）.

［19］张丽君，范晓林，孟鑫. 西部民族地区生态城市评价体系
探究［J］. 井冈山大学学报：社会科学版，2010，31（3）.

［20］中华人民共和国国家民族事务委员会。http://www. seac.
gov. cn/index. html.

［21］中华人民共和国环保部。http://www. zhb. gov. cn/.

［22］中华人民共和国审计署。http://www. audit. gov. cn/
n1992130/index. html.

［23］ALI. Operational Auditing Practices in Western Developed
Countries：Implications for Government Audit in the State
of Kuwait［M］. Kuwait：University of Strathclyde，1986.

［24］JOHN HARTWICK. National Accounting with Natural
and Other Types of Capital［J］. Environmental and
Resource Economics，2001（4）.

〔25〕 RICHARD E BROWN，JAMES B PYERS. Putting Teeth into the Efficiency and Effectiveness of Public Services〔J〕. Public Administration Review，1988，5 (6)：735—742.